陳福成著

我讀北京《黃埔》雜誌的筆記

文學叢刊

文史哲出版社印行

國家圖書館出版品預行編目資料

我讀北京《黃埔》雜誌的筆記 / 陳福成著. --
初版. -- 臺北市：文史哲, 民 107.10
頁： 公分.（文學叢刊；397）

ISBN 978-986-314-437-3 (平裝)

855 107017004

文學叢刊 397

我讀北京《黃埔》雜誌的筆記

著　者：陳　福　成
出版者：文　史　哲　出　版　社
http://www.lapen.com.tw
登記證字號：行政院新聞局版臺業字五三三七號
發行人：彭　正　雄
發行所：文　史　哲　出　版　社
印刷者：文　史　哲　出　版　社
臺北市羅斯福路一段七十二巷四號
郵政劃撥帳號：一六一八〇一七五
電話886-2-23511028・傳真886-2-23965656

實價新臺幣四〇〇元

二〇一八年（民一〇七）十月初版

ISBN 978-986-314-437-3 09397

1　黃埔雜誌

黄埔
为黄埔同学立言 为祖国统一尽力
双月刊 总第167期
2016.2
黄埔军校同学会主办
特别策划
黄埔老人的幸福晚年（贵州篇）
ISSN 1002-7289
74 亦文亦武亦大夫
黄埔军校同学会主办
黄埔
HUANGPU
2015.5
双月刊 总第164期
特别策划
抗战中的黄埔师生之长沙会战
22 话说「一带一路」
63 一个黄埔后代的心声
黄埔
为黄埔同学立言 为祖国统一尽力
双月刊 总第168期
2016.3
黄埔军校同学会主办
特别策划
抗战——粤籍黄埔师生的记忆
ISSN 1002-7289
59 妙手丹心
黄埔
为黄埔同学立言 为祖国统一尽力
双月刊 总第166期
2016.1
黄埔军校同学会主办
特别策划
抗战中的黄埔师生之常德会战等
ISSN 1002-7289

黄埔
黄埔军校同学会主办
2017.1
黄埔精神与祖国统一
廖士翘与黄埔军校
风雨人生咏晚晴
父亲的三枚抗战胜利纪念章
陸軍軍官學校

黄埔
黄埔军校同学会主办
2016.4
特别策划
纪念北伐战争90周年
ISSN 1002-7289

黄埔
黄埔军校同学会主办
2017.2
黄埔军校分校概览
——潮州分校
我的抗战往事
鏖战南浔线
驻印军中的征轮篮球队

黄埔
黄埔军校同学会主办
2016.6
特别策划
纪念孙中山诞辰150周年
黃埔壽星
ISSN 1002-7289

3 黃埔雜誌

黄埔
黄埔军校同学会主办
2017.6
黄埔军校分校概览
——武汉分校
少壮报国心 从戎抗倭寇
犁牛之子学无术 无愧洪流抗战时
抗日烽火中的女兵作家谢冰莹

黄埔
黄埔军校同学会主办
2017.3
黄埔军校分校概览
——南宁分校
黄埔军魂 爱国赤心
抗战老兵的英雄人生
我的黄埔时光

黄埔
黄埔军校同学会主办
2018.1
黄埔精神与中华民族伟大复兴
我是黄埔一兵
潇水悠悠忠骨魂，一身清正报国心
台湾各界对特朗普访华的反应及观察

黄埔
黄埔军校同学会主办
2017.4
黄埔军校分校概览
——南宁分校
浩气永长存 忠魂耀千秋
黄埔肇造民族魂
一个老兵最后的敬礼

黄埔
为黄埔同学立言 为祖国统一尽力
黄埔军校同学会主办
双月刊 总第179期
2018.2
"90后"火炬手徐祇则
保家卫国的黄埔军人
抗战中的婚礼
追寻远征军足迹 祭拜不朽英魂
陸軍軍官學校
周恩来诞辰120周年

黄埔
为黄埔同学立言 为祖国统一尽力
黄埔军校同学会主办
双月刊 总第180期
2018.3
豪气壮千秋
纪念台儿庄大捷80周年
赵正伦和他的《抗战日记》

序：寄語兩岸黃埔人

如何定位這本書？這是一本「讀書心得筆記」，讀的是由北京黃埔軍校同學會所主持發行的《黃埔》雙月刊。說的當然就是將近一百年來的黃埔人和事，刊物已發行了三十年，到二〇一八年已有一百八十期，我所讀到不過近幾年的十幾期。

近百年的黃埔人和事，可謂述之不盡，寫之不完，比太平洋的水還多。但萬法歸於一，不論黃埔精神或宗旨，都是追求中國的富強和統一，這個大目標就是孫中山創建黃埔軍校的最高宗旨。想來，兩岸黃埔人都應該清楚明白才對，若說你不知道這個宗旨，或否認這個宗旨，你便不是黃埔人。

大陸現有的黃埔人，多是黃埔一到二十三期，還在的可能都近百歲了。所以黃埔人最多是在台灣，從二十四期到本書出版時是八十七期。（二〇一八年是黃埔建校九十四周年、六月第八十七期畢業）。筆者甚爲憂心台灣新一代的黃埔人忘了黃埔的宗旨，等於忘了自己存在的意義和價值。寄語兩岸黃埔人，爲統一做出貢獻，這是黃埔人這輩子生命中最重要的價值和人生意義。

是故，寄語《黃埔》雙月刊的經營團隊，用這個刊物和台灣眾多的黃埔人連繫起來，對「反獨促統」可以產生較大力量。（台北公館蟾蜍山萬盛草堂主人　陸軍官校預備班十三期、正期班四十四期　陳福成誌於二〇一八年夏於台北）

我讀北京《黃埔》雜誌的筆記

——為兩岸黃埔人建一座小橋

目　次

第一章　本書出版的緣起、動機和體例

壹、緣　起

二〇一四年三月，臺灣地區的「中國全民民主統一會」，應大陸「中國和平統一促進會」邀請，由會長王化榛先生率領數十會員，到天津和北京公訪。時間是三月廿五日到三十日，我是全統會會員，但以記者、作家身份，應邀同行，就是要把參訪行程完整記錄下來，這是我們這些「小人物」，對中國統一大業所做的「春秋大業」。

為此，我是有計畫的作「功課」，順利參訪回到台灣，我將參訪日記和蒐集到的相關資料費心整理。同年七月，《中國全民民主統一會北京天津行》一書，由台北文史哲出版社出版。（註一）

「中國全民民主統一會」（全統會），顧名思義，是一群統派人士爲追求「中國統一」終極目標而組成。一九九〇年（民79），滕傑將軍爲對抗漢奸李登輝爲首的台獨惡勢力，聯合有志之士成立全統會，共同追求中國統一的理想。滕傑是有組織能力的將領，「九一八事變」後的「三民主義力行社」，就是由滕傑推動創立。（註二）

滕傑之後，第二任會長是陶滌亞將軍（陶也是洪門五聖山山主）。（註三）第三任王化榛先生，現（第四任）是吳信義先生（北京天津行時爲秘書長）。

「全統會」雖非台灣最大統派團體，卻最有理想性，內部成員都有堅定的「統一」意志，這是我要著書立說彰顯的最大理由。所以筆者在「北京、天津行」過程中，也刻意將和我交換名片的各要員記住，當二〇一四年七月《中國全民民主統一會北京、天津行》一書出版，我立即按下列名片上姓名、地址，每人各寄贈一本：

天津市黃埔軍校同學會聯絡部 部長
民盟市委民主與法制委員會 副主任
國際勞工組織SIYB 培訓教師

李桂環 律師

地址:天津市河西區三合里64號102室 郵編:300074
電話:(022)28359112 手機:13512089586
E-mail:guihuanl@163.com www.ehuangpu.com
MSN:tjwbl_liguihuan@hotmail.com QQ:1327212976

天津市黃埔軍校同學會辦公室 副主任
天津市臺灣研究會 常務理事

丁岩

地址:天津市河西區三合里64號102室 郵編:300074
電話:(022)28130347 傳真:(022)28130347
手機:15900353422 郵箱:tjhptx@yahoo.com.cn

中國人民政治協商會議天津市委員會 委員
天津市黃埔軍校同學會 秘書長
天津市臺灣研究會 顧問

劉正風

中國・天津
河西區三合里64號102室
郵編: 300074
郵箱: liuzf315@163.com
電話:(022)28130346
傳真:(022)28130347
手機:13920599980

天津海外联谊会 副会长

王平

中国·天津 河西区友谊路30号 电话: 022-83605490
邮编: 300046 传真: 022-23306943
E-mail:tzb_wp@163.com 手机: 13652027210

中共天津市滨海新区委员会统战部

杨文芳 办公室主任

地址: 天津市滨海新区塘沽新港二号路35号 邮编: 300456
电话: (022)65309845 传真: (022)65309139
邮箱: bhxqtzbywf@163.com 手机: 13803093182

天津市黃埔軍校同學會 聯絡部

周小紅 主任科員

地址: 中國 · 天津市河西區佟樓三合裏64號102室 郵編: 300074
電話:022-28359112 傳真: 022-28130347
手機: 13043292392 郵箱: xiaohongzhangzhou@163. com
www. ehuangpu. com

中国和平统一促进会 执行副秘书长
黄埔军校同学会 秘书长

杭元祥

地　址：北京市丰台区南三环中路赵公口小区20号　编 码：100075
电　话：010-58336308/58336288　传 真：010-58336329
手　机：13661003822　邮 箱：hangyx@sohu.com

黃埔軍校同學會

方新生 副部長
臺港澳聯絡部

地　址：北京市豐台區南三環中路
趙公口小區20號
郵政編碼：100075
郵　箱：fn0505@sina.cn
電話：(010)58336360
手機：18910877525
13683357850
傳真：(010)58336292

北京市黃埔軍校同學會 秘書長
北京海外聯誼會 副秘書長

王蘭萍

地址：北京市西城區后英房胡同9號
電話：82218091　傳真：82218091
手機：13522860696
郵箱：wlp1230@aliyun.com.cn
郵編：100035

北京市黃埔軍校同學會 聯絡處處長
北京海外聯誼會 秘書處

王研

地址：北京市西城區后英房胡同9號
電話：82218089　郵編：100035
傳真：82218088
手機：13651060875
郵箱：13651060875@163.com

国务院台湾事务办公室 交流局

王冰 副局长

地址：北京市西城区广安门南街6-1号
信箱：北京邮政2908信箱
邮政编码：100053
电话：(010)83912179
(010)83551807
传真：(010)83912369
手机：13601330391

国务院台湾事务办公室 交流局

萧洪 副处长

地址：北京市西城区广安门南街6-1号
信箱：北京邮政2908信箱
邮政编码：100053
电话：(010)83912178
传真：(010)83912369

平谷
Beijing Pinggu

北京市平谷区东高村镇
李 平 党委书记
乐谷管委会第一副主任
地址：平谷区东高村镇兴业路55号
邮编：101200
电话：(010)69909178
手机：13381120183
传真：(010)69909661
邮箱：pinggu-quwei@yeah.net

清华经管学院 Tsinghua SEM 30 1984-2014
清華 X-lab 清华大学创意创新创业教育平台

郑 琦 清华x-lab
教学与国际事务主管
地址：中国 北京
清华大学
经济管理学院舜德楼112室
邮编：100084
电话：(86 10) 6278 4955
手机：159 2042 6796
邮件：zhengqi@sem.tsinghua.edu.cn
网址：www.x-lab.tsinghua.edu.cn
EQUIS

中共北京市委統戰部聯絡處
北京海外聯誼會

黎賢林 手机：13910860576
地址：北京·東城區臺基廠大街8號
郵编：100743
郵箱：63089240@163.com
電話：8610-63089240
8610-63089230
傳真：8610-63089260

平谷
Beijing Pinggu

姜 帆 区委副书记 代区长
北京市平谷区人民政府
地址：北京市平谷区府前大街7号(101200)
电话：010－60912345
传真：010－89989372
手机：13701186401

平谷
Beijing Pinggu

中共北京市平谷区委员会统一战线工作部 副部长
中共北京市平谷区委员会台湾工作办公室 主 任
中共北京市平谷区人民政府台湾事务办公室
刘 刚
地址：北京市平谷区府前大街11号407室 邮编：101200
电话：010-69962267 传真：010-69962267
手机：18910667750 邮箱：liuganggang@163.com

平谷
Beijing Pinggu

刘 震 常委 統戰部長
中共北京市平谷区委员会
地址：北京市平谷区府前大街9号(101200)
电话：010－69965592
传真：010－69961301
手机：13911993113
邮箱：liuzhen166@vip.sina.com

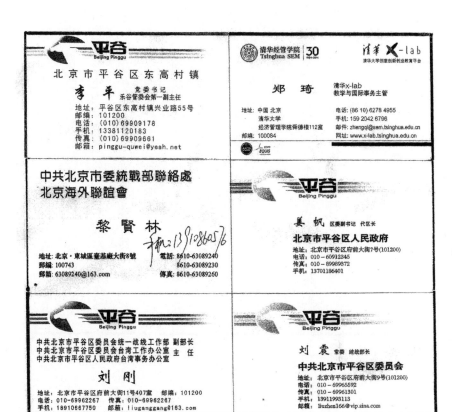

我之如此大費週章，不外想讓大陸上層人士知道，台灣有一群仍堅持「統一」信念的人，同時也是強化兩岸統派交流的辦法。「小我」只是一股小小的力量，小小的種子播下去，有機會壯大，何況統派要發出聲音，正告所有台灣人：只有統一，回歸祖國，才能救台灣，其他都是「死路一條」，台灣人何苦要尋死！

以上二十二人中，後來和我有交流的，只有一位和我有相同背景，黃埔二十二期老大哥王朝亮大學長。他當時的身份是「天津市黃埔軍校同學會副會長」，因不方便初識問人年紀，當時（二〇一四年）判斷，應有八十多歲了。

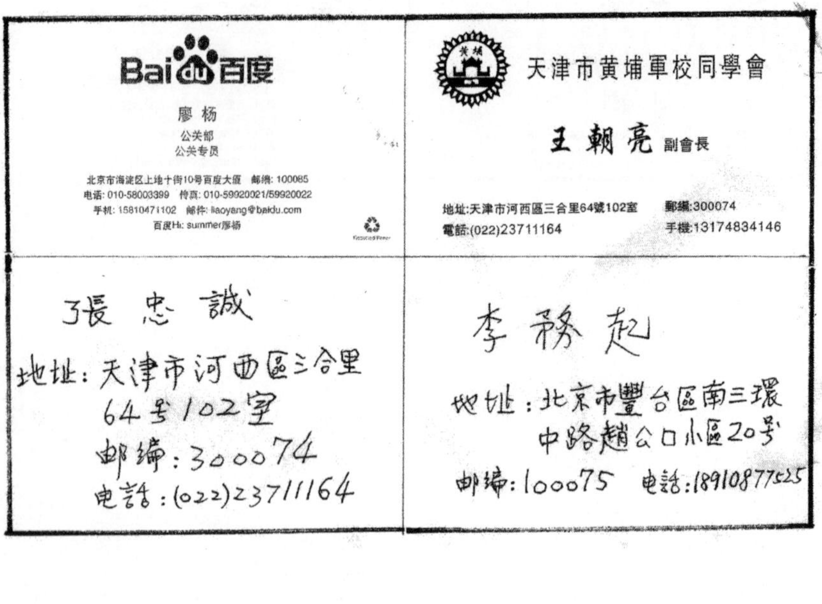

福永社長理事長大鑒：

校慶即到，共賀母校九十一週年華誕。兩岸同學攜手傳承黃埔精神，共同致力中華民族偉大復興。

來信及《廿二期同學會季刊》都收到了。

《季刊》確是我最珍愛之物，見到《季刊》得受感動，知我者，同學福永君也。

《季刊》是我們同期學長王雲翀主編。自從他任廿二期同學會總幹事以來熱心兩岸同學的聯誼。廿二期同學雖分居兩岸，仍如在校時的感情親密無間。所編的《季刊》每期都給大陸同學寄一部分，且每期都提前寄到。《季刊》是我最喜愛的珍品，因為都是我們身經的歷史往事，懷往念舊的情感及文章的可讀性。每收到《季刊》後如饑似渴地一口氣讀完，然後對精篇佳作再細細品讀。《90期季刊》雖然我已經有了，但寄來的這份仍然珍貴且大有用場。一、對其中佳作如"說唱歌"、"北都飯店的招牌"再品讀享受一番。二、在津的22期同學還有人渴望得到，正好借花獻佛送給秦同南兄，在此向您致謝。

天氣漸熱　請多保重　敬祝

夏安

王朝竟 敬上

2015年6月7日

福成社長大鑒

在乙未年新年之際　敬祝 吉祥安康 闔家幸福。

在去年春來訪時相識，深感親切榮幸。我們同出一座校門，親愛精誠的校訓使我們聯系在一起，使我們一見如故。您學術研究事業有成，著作等身，令人敬佩。

大作《中國全民民主統一會北京天津行》已拜讀，記述真実全面深入，文字通暢，妙筆生花，讀後收益頗深，實為紀實文學的名篇佳作，尤其成書驚人之快令人敬佩。

大作已於2014年8月初已寄到同學會，但因年老体弱，身体不適很少到同學會行動，书到手時已是9月份，當時健康不佳，手臂顫抖，動筆困難，未能及時奉信致謝，敬請鑒諒。

期望今年組團來津參訪時相見並真誠歡迎以校友相會。

敬祝

新年歡樂 闔家幸福

校友
王朝亮 敬上

2014年2月11日

其他按名片示，尚有「黃埔軍校」名銜，如部長李桂環、副主任丁岩、秘書長劉正風、主任科員周小紅、秘書長杭元祥、副部長方新生、秘書長王蘭萍、處長王研。多是年輕一代，判斷可能是黃埔人的二或三代，或是「黃埔同學會」或《黃埔》雜誌工作人員。

唯一和我有持續交流，是黃埔二十二期的王朝亮學長，我們後來互通信件。正好我認識一位在台灣的二十二期老大哥主編他們《期刊》，每季發行，我也寄給王老大哥。附印王學長給筆者的兩封信，惟他二〇一四年信的日期有誤，北京天津行是三月，二月我們還不認識。

北京、天津行回台後不久，我每年都會收到幾期《黃埔》雜誌，有時可能中途遺失沒收到。至少我經常可以收到並閱讀一本好雜誌，裡面內容都和我「息息相關」，讓我看到很多過去四十多年中，台灣地區黃埔人所不知道的「黃埔人和事」，這是本書要出版的緣起。

貳、動機（目的）

自從民國十年七月，中國共產黨第一次全國代表大會在上海法租界貝勒路李漢俊寓所，接續在浙江嘉興之南湖召開，出席者有毛澤東等十三人，代表五十七名黨員，前後歷時一週。（註四）這是中國共產黨的誕生，至今已近一百年了，儘管國民黨在台灣已面臨「生存危機」，國共兩黨的鬥爭仍未結束，包含抗日戰爭、國共內戰和國家認同等，其實共識不多，國民黨甚至已失去「話語權」和「詮釋權」。

我的動機（或目的），是兩黨的過去功過是非，在本書不談，按中國史家評述慣例，對一個朝代事和人的是非功過定論，是後面朝代的責任。例如，宋朝結束，元朝史家寫《宋史》；元朝結束，明朝史家寫《元史》，依此類推。這是爲排除人的情感因素，下筆才能客觀論述，廣獲各方接受。所以，我著眼於未來，以促進中國之統一爲核心價值，企圖在兩黨或兩岸之間，架起一座小小的橋，兩岸黃埔人在「橋上」多一些交流認識，此其一。

兩岸黃埔人碰到的問題，只是整個中國近百年來國家民族「大帽子」下，問題的一部份。追求中國之繁榮、強大和統一，本是黃埔軍校的建校宗旨，當然也是所有前後期黃埔同學的人生理想，至今這仍是兩岸黃埔人的共識。但歷史有太多詭異的因緣，造成部份黃埔人走上共產主義，部份則爲三民主義效命。而有的被客觀環境局勢所左右，例如黃埔二十三期學長們，他們一畢業就失去選擇權，隨著大潮流，流向解放軍之路。本書儘可能不去論述點評國共兩陣營黃埔人的選擇，僅放眼於未來，在中國崛起並完成統一的過程中，兩岸黃埔人可以在我的「小橋」上聊聊。此其二。

國共經百年鬥爭，双方都出現極多「偏見」，導至很多「禁區」，双方都極盡醜化對方之能事，在各種出版品上只頌揚己方，而忽略對方，甚至把對方全部「消除」。以我自己爲例，我是一九六八（民57）年鳳山陸軍官校預備班十三期，一九七一年（民60）升讀陸官（黃埔）四十四期，至以後的數十年軍人生涯裡，所有接觸到有關黃埔人的文獻（或書籍），僅限台灣地區黃埔人。大陸地區黃埔人事蹟，我（及其他人）則一片空白，直到我讀了北京《黃埔》雜誌，才知道一些大陸黃埔老大哥的事蹟和現狀，這些深值我來「轉述」，讓台灣黃埔人了解。相信這是兩岸黃埔人的交流方式，共同喚醒「黃埔精神」，都是促進統一的動力，此其三。

兩岸黃埔人中，在大陸以一期到二十三期爲主，這些革命老大哥目前年齡可能很大，有不少早已移民西方極樂世界。尚在人間者，《黃埔》雜誌視爲人間之「寶貝」，逐一探訪，報導他們的人生事蹟。反觀在台灣的黃埔人，從鳳山復校二十四期開始，到我期（四十四期），都已全面退休，我期畢業有六百多人，現在只剩下嚴德發一人，爲「台獨僞政權」服務，擔任「僞國防部長」，成了「魔鬼代言人」，黃埔建校宗旨和精神，蕩然不存，只剩權力欲望，誠然可悲！可痛！

而事實上，台灣地區黃埔人已然成分裂狀態。在職者，爲生活、爲家庭，總要有個工作（或抓住權力），只好爲台獨僞政權服務，管他什麼黃埔宗旨或精神，這在近年「八百壯士」抗議過程看得很清楚。而退職者，絕大多數已喪失革命精神，敢於「拋頭顱、灑熱血」，僅剩一個繆德生上校，就算他已付出生命，也無法全面喚醒「黃埔精神」——犧牲、團結、負責。

我明知不可爲而爲之，企圖喚醒或感動一些黃埔人，把北京《黃埔》雜誌上一些台灣黃埔人不知道，轉述給台灣黃埔人。身爲黃埔人知黃埔事，此爲出版本書動機（目的）之四，不相信是「狗吠火車」！

無疑的，有最多黃埔人，最多「年輕力壯」的黃埔人，從二十四期到現在（二〇一八年），總人數不知有幾萬人，將軍上看千人。但，至今沒有一本像樣（正常發行、專業）的「黃埔雜誌」，就如這本北京《黃埔》雜誌，把所有黃埔人爲國家民族所做的犧牲貢獻，一點一滴記錄下來，回歸歷史。台灣的黃埔人已把革命當「吃飯喝酒應酬」。如是！我豈不又「明知不可爲而爲之」，確實，我就是要把北京《黃埔》雜誌推荐給台灣黃埔人，讓兩岸黃埔人相呼應，不信「黃埔精神」喚不回！不信「中國統一」大目標黃埔人全忘光光！不信台灣黃埔人全把革命全當吃飯喝酒！

參、本書寫作體例

所謂「讀書筆記」，如古人之「劄（札）記」，即讀書所見、觀察所得，隨時寫下之筆記，文牘之一種。但非「創作」，創作必須「無中生有」，筆記則是讀書所「見」，看見一些真實，記錄下來轉述。本書所記錄之書，是大陸「黃埔軍校同學會」所主持，《黃埔》雜誌社編輯出版，《黃埔》雜誌雙月刊。

對於兩岸、兩黨和所有黃埔人的往昔是非功過，本書不著墨。筆者完全以放眼未來的心胸，爲吾國之完成統一，「反獨促統」的大方針，讓兩岸黃埔人有再盡一分心力的機會，誠如每期《黃埔》雜誌刊頭有徐向前在一九八八年三月的題句：「爲黃埔同學立言　爲祖國統一盡力」。兩岸黃埔人有此共識，一定會產生很大力量，爲組國統一盡力，正是吾等黃埔人之天職、天命！不是嗎？

往昔半個多世紀中，兩黨兩岸極盡醜化對方之能事，用了很多不雅稱謂，以及很負面的形容詞，在本書範圍內均不用，以淨化內容。這對增加兩岸黃埔人共識和善意，相信也是有用的，只要感受到有善意，就能建立互信，共同「爲祖國統一盡力」，才有機會成爲可能。

每章以筆記一期雜誌爲準，每期擇要賞讀（最直接有關黃埔人的文章優先），每章約七千字上下，儘可能簡約。有價值圖片也盡可能照錄延用，所謂「有價值」是台灣出版品不易見到，《黃埔》編輯群對圖片註記很清楚。如某期學生，這部份台灣大多忽略。

對每一場戰役經過之人事時地，在相關史書和《黃埔》雜誌，或詳或簡都有敘述，本書各章原則上不再贅言。僅置重點於我黃埔老大哥們，再請他們走上這小舞台，給現代中華子民再認識你一次。

《黃埔》雙月刊已創立三十年，筆者所閱讀不過是近三年來作品，何況並未連期（可能中途流失）。所以，我所知或所記下的黃埔人和事，只是冰山一角，台灣的黃埔人要知道更多真相，有賴《黃埔》雙月刊的團隊，將刊物擴大寄給台灣的黃埔人。

由於簡體字和繁體字的轉換，可能會出現落差，造成人名看起來似乎有差錯，這很難避免，但相信意義上不會有錯。

註　釋：

註一：陳福成，《中國全民民主統一會北京、天津行——兼略述全統會過去現在及未來

發展》（台北：文史哲出版社，二〇一四年七月）

註二：鄧元忠，《三民主義力行社史》（台北：實踐出版社，一九八四年八月），第一章。

註三：陳福成，《洪門、青幫與哥老會研究》（台北：文史哲出版社，二〇一四年十一月），書前照片。

註四：詳見陳福成碩士論文，《中國近代政治結社之研究》（台北：政治作戰學校政治研究所，七十七年六月），第一章第四節。

第二章　讀《黃埔》雜誌總第 164 期

壹、本期文章標題

特別策劃：抗戰中的黃埔師生之長沙會戰

長沙會戰導語、圖片。

鄭　竟口述、鄭偉章整理，〈我經歷過三次長沙會戰〉。

周郁謀，〈誘敵深入血戰長沙〉。

雷啓柏，〈回憶第二次長沙會戰〉。

陳　亮，〈参加第三次長沙會戰〉。

胡紹康，〈長沙會戰力挫敵鋒〉。

時　政（專題、兩岸、專訪）

樅　岩，〈話說一帶一路〉。

胡筑生（台灣陸官校友總會長、中將退），〈台灣光復節感言〉

李跃乾，〈海峽論壇成功舉辦、島內政局霧裡看花〉

本刊專訪，〈文化大革命期間的西藏〉（續）。

海峽兩岸大事記（二〇一五年六—七月）。

人　物（人物春秋、黃埔前輩、黃埔後代、封面人物）

杭元祥，〈惲代英對黃埔軍校政治教育的貢獻〉。

陳予歡，〈李明灝與黃埔軍校〉。

徐小岩，〈轉戰晉冀魯豫三千里〉。

張　文，〈在榮譽鞭策下他將繼續走下去〉。

岳天生，〈一個黃埔後代的心聲〉。

吳　芊，〈遐齡期頤健　黃埔星輝長：訪百歲黃埔老人李學庸〉。

歷史

本刊記者，〈世紀黃埔〉（續十六）（專訪陳宇）。

賈曉明，《血花劇社赴潮州演出〉（一九二五年十二月六日）

單補生，〈孫中山奉安大典之黃埔生護靈隊〉。

郃　言，〈連戰苦撐危局　國共再度握手〉。

文化

吉　明，〈宋成軍和他的書畫藝術〉。

貳、筆記、心得

△**杭元祥**，在二〇一四年北京天津行見過聊過（見第一章附印名片），也一起留下紀念照，當時他是中國和平統一促進會執行副秘書長、黃埔軍校同学會秘書長，現在應該是升職了。從二〇一四年到現在又過了多年，台灣「全統會」幾次到大陸，我因身體關係未能同行，否則還會碰到杭先生。不過他在這期〈惲代英對黃埔軍校政治教育的貢獻〉一文，首先就引起我的好奇心。（註一）

按杭元祥這篇文章看，惲代英也是思想家和大作家級人物，可惜只活了三十六歲。

這短暫的歲月裡，他為黃埔軍校編寫的講義、教材，為當時中國青年所寫的著作、演講，總數五百八十多篇，近三百萬字。所以杭先生在文章中稱惲代英是無產階級革命家、中共早期領導人、青年運動領袖。

據人民出版社二〇一四年五月出版的《惲代英全集》〈惲代英生平大事年表〉記載，一九二六年五日，三十一歲的惲代英受黨的指令，到黃埔軍校擔任政治主任教官，同時任軍校中共黨團書記。一九二七年元月到武漢，擔任中央軍事政治學校武漢分校政治總教官，不久又任國民黨中央二屆常委會常務委員。

二〇一五年八月十二日，是惲代英誕辰一百二十周年。判斷他大約生於一八九七年前後，文章沒有提到他為何英年早逝。

△**胡筑生**，他是在台灣的退役中將，擔任陸軍官校校友總會會長，他這篇〈台灣光復節感言〉。（註二）相信中國人看了都有同感，只有「非中國人」（台獨份子）不認同。我要說的是，我對日本鬼子做過很多研究，發現牠們是中華民族的「天敵」，牠們在我國明萬歷時，豐臣秀吉等野心家就策訂「消滅中國」是大和民族的「天命」，為此已發動三次「滅華」之戰，分別是明萬歷「朝鮮七年中日戰爭」、滿清「甲午戰爭」和民國「十四年抗日戰爭」。三次大戰尚未消滅中國，現在牠們正準備第四次滅華之戰，

我敢言百分之九十八以上的中國人不知此事，許多中國人在醉生夢死中。

為對抗日本鬼子這個「天敵」，多年來我著書立說宣揚中國人也有「天命」。在我所著《日本問題的終極處理：廿一世紀中國人的天命與扶桑省建設要綱》一書，主張在本世紀中葉前，中國應以五顆核武，在迅雷不及掩耳之際，消滅日本這個邪惡民族，收該列島為「中國扶桑省」。（註三）大和民族不亡，中華民族永不安寧，亞洲各國永不安全。

這本書我寄贈大陸二百個以上大學圖書館、台灣一百個以上大學圖書館，就是要傳揚中國人的天命。幾年前的天津北京行，也帶了數十本給黃埔同學會，杭元祥應也送了。中國人不能忘記倭人這個天敵，儘早滅之，才合因果法則。

△**陳予歡**這篇〈李明灝與黃埔軍校〉，把李老前輩一生豐功事蹟說的詳細，從孫中山時代、舊式講武學堂、黃埔軍校、國民黨陣營的抗倭戰爭，李老都受到重用，擔任要職，可見是個人才。一九四八年周恩來電邀他赴華北，從此在中共陣營算是官運不錯，最後的要職是一九七八年當選第五屆全國政協委員。

李明灝，湖南醴陵縣人，一八八七年生，一九八〇年八月二十五日病逝在武漢。黃埔一期有很多名將是他的學生，如陳明仁、李默庵、宋希濂、鄭洞國、丁德隆、劉嘉樹、劉詠堯、劉璠、王勁修、陳大慶、袁中賢、劉勘、彭杰如、蕭贊育、李文、李鐵軍、張鎮、賀光謙。李老前輩的人生，輝煌、值得、完勝！

△由兒子寫父親一生偉業，在現代社會不多了。徐小岩的〈轉戰晉冀魯　躍馬三千里—回望父親的抗戰片段〉，寫的是大名頂頂的徐向前，確實他對中共建立政權有很大貢獻。徐向前是山西五台縣人，黃埔一期，中華人民共和國十大元帥中唯一的北方人，很有革命家和政治家的特色。《黃埔》雙月刊每期刊頭都印上他在一九八八年三月的題句：「爲黃埔同學立言　爲祖國統一盡力」。

△有兩篇文章談的是黃埔後代事。張文那篇談米銀軍，一個事業成功的中年人，米銀軍的妻子劉楓是黃埔後代，她爺爺劉高是黃埔五期，父親劉敬恆是黃埔十八期，她大伯劉漢雄是黃埔十一期，二伯劉越十七期、小叔劉廣淵二十二期。米銀軍作爲「一家五黃埔」的黃埔親屬，與妻子劉楓一道，爲兩岸和平統一大業盡心盡力。

岳天生的〈一個黃埔後代的心聲〉，他父親是岳國瑄，黃埔軍校十五期砲科，後又進陸軍參大第七期，曾獲陸海空一級勳章，一九四九年退伍，回四平市承祖業行醫。岳天生作爲黃埔後代，不忘父祖使命，懸壺濟世，樂善好施，爲國家。

△**封面人物李學庸**，吳芊〈遐齡期頤健　黃埔星輝長—訪百歲黃埔老人李學庸〉。

這位傳奇老人的故事，鼓舞很多中國軍民，連台灣黃埔人都聽過，只不知是他。李學庸在浙東戰役中，曾率三百人「大刀隊」，每人配大刀一把，赤膊夜襲日本鬼子，他吩咐隊員，凡是摸到穿衣者卽一刀刃之。是役殺掉鬼子百餘人，鬼子聞之喪膽，這種情節很值得拍成電影，鼓舞中華子民。

李學庸，一九一四年十一月，出生在江西省銅鼓縣一戶書香之家。一九三七年盧溝橋事變爆發後，參加游擊隊抗倭鬼侵略，浙東戰役後，經第三方面軍總司令李默庵推荐，入黃埔軍校十三期步科。一九四九年率一個營，在四川隨裴昌會兵團起義，編入川北軍區李德生部。中共建政後，他復員回鄉，擔任多屆銅鼓縣政協委員，他若在，現在是一百零四歲了。

△〈世紀黃埔〉是長篇連載文章，由記者對軍事科學院研究員、黃埔軍校校史研究專家陳宇的訪談錄。談的內容針對黃埔精神的內涵，包含愛國革命、親愛精誠、團結合作、奮鬥犧牲。這些東西我在軍校七年中，所讀「總理遺訓」、「領袖訓詞」，不知讀過幾千回！這篇文章提到一些爭議很大的事，我本「不在傷口灑塩」原則，統統不述不言，讓未來史家處理。

參、關於「長沙會戰」和圖片

特別策劃〈抗戰中黃埔師生之長沙會戰〉，是「集體創作」，李忠誠和李立策劃；陸東紅和曹燕執行編輯，劉燕負責整體設計，圖片由廣東革命歷史博物館等提供。把三次長沙會戰簡明略要的表達，所選用圖片也有代表性，陳誠和薛岳那張筆者往者也見過。

人的情感情緒始終左右著理性，所以任何歷史記錄的價值判斷或價值陳述（Normative Statement），都絕無百分百的「公正、客觀」。困難之所在，除了「價值」分歧複雜，通常又涉及政治關係、利益誘因和意識型態糾纏，讓公正客觀的陳述任何歷史事件成爲不可能。

不僅公正客觀的價值陳述不可能，甚至事實陳述（Deseriptive Statement），（註四）也困難。幾乎所有中國人都知道，吾國在三國時代「孔明七縱七擒孟獲」故事，大家也相信是「事實陳述」。但幾年前，我有一好友住緬甸很久回台探親，他說緬甸的教科書是寫「孟獲七縱七擒孔明」。我聽了很驚訝！一時不知如何解釋！

但冷靜思索人類發展史，這類事在英美各國、在全世界，多如牛毛，如中國人不忘「南京大屠殺」，日本鬼子說沒有南京大屠殺。原來，地球有史以來，都是強權說了算數，強權才是真理，強權說的話代表「價值」，代表「事實」，此謂之「話語權」也！例如吾國南海「太平島」，美國鬼子說是「太平礁」！

若以事實陳述爲標準，本期幾篇有關「長沙會戰」的文章，可以說「該寫的都寫」，沒有嚴重的失誤，個別的回憶多少會彰顯自己的價值表現，此乃當然。相較於兩岸尚未開放時期，國共兩陣營極盡醜化對方之能事，對抗日戰爭每一場戰役都說自己打的，國民黨不提共產黨，共產黨也不提國民黨。現在我讀這幾篇「長沙會戰」的陳述，還能把握基本上的公正客觀，深值喝彩、鼓舞！

在鄭竟口述、鄭偉章整理的〈我經歷過三次長沙會戰〉一文，提到「川島芳子」，正好筆者在幾本書上對這女子有所研究，她雖幹了對不起中國人的事，也要怪被她父母（滿清肅親王耆善）給「賣了」，也等於被自己祖國遺棄產生的報復心理。她被捕後，中國法官最後判決時問她：「你到底是中國人還是日本人？如果你是日本人，按蔣介石總統以德報怨政策，妳遣反日本是貴國的英雄；如果妳是中國人，你就是漢奸，處唯一死刑！」川島芳子答：「我是道地的中國人」。法官以同樣話連問三次，她都答以「我是道地的中國人」，第三次加重語氣說「我是道道地地的中國人。」於是她被中國的軍法官判決唯一死刑，但就在她要被執行槍決的前一夜，死於獄中……。

有關川島芳子的電影、小說發揮更多想像力，頗吸引觀（讀）者味口，我對她勇於赴死很「佩服」。她被父母祖國遺棄了，最後她想要死在父母祖國懷裡！不知台灣的大漢奸李登輝、蔡英文等姦邪惡徒，最後要死在誰的懷裡?中國的土地（含台灣）絕不容他們屍骨！

有關長沙會戰的英雄圖片很値得流通在社會各層面，光是放博物館保存是不夠的，這是我要轉刊本書的原因之一，以下各期圖片轉刊原因亦同。第二個原因，吾國抗日英雄很多，但隨著現代社會的富裕，除了極少數如周恩來、陳誠等，廣大的人民群眾還記得，其他絕大多數英雄豪傑，現在新生代孩子們可以說「聞所未聞」。若能儘可能轉刊流通，讓年輕一代中國人看到，我相信對愛國教育的「補強」是有用的。所以要讓這些照片再走出博物館，走向人民群眾。

第三個原因。往昔半個多世紀以來，台灣地區公部門出版的抗日書籍，其圖片旁註絕少註明人物爲「黃埔某某期」，我判斷是不突顯「黃埔」系統，因爲很多將領不是出自黃埔。但北京這本《黃埔》雜誌是彰顯「黃埔」爲宗旨，如寫到三次長沙會戰中，任職軍長、師長將領，黃埔一期有李玉堂、夏楚中、張輝明、闕麟徵、陳沛、羅奇；黃埔三期有覃棄之、王耀武；黃埔四期有傅仲芳、古鼎華；黃埔五期有郭汝瑰等。

以下長沙會戰照片，人物中的黃埔將領註記明確，實爲我黃埔之光。筆者雖是四十四期小老弟，比這些老老學長們小了四十年，也有感同身受的光彩，請老大哥們再走出博物館，走入新一代中國子民心中，給他們啓示吧！

1938年11月下旬，蔣介石在湖南衡山主持召開南嶽遊擊幹部訓練班。圖為訓練班負責人葉劍英、湯恩伯、陳烈(黃埔軍校第1期學生)、蔡劍鳴(黃埔軍校第3期學生)等人的合影。左一陳烈；右起：蔡劍鳴、葉劍英、湯恩伯、季雅諾夫。

武漢、廣州失守後，中國抗戰進入戰略相持階段。位於武漢與廣州之間的長沙，成為進入戰略相持階段中國阻止日本打通大陸交通線的最前沿堡壘。1939年9月至10月間，薛嶽指揮的第九戰區為主力的中國軍隊取得湘北大捷)即第一次長沙會戰。圖為薛嶽(右)和陳誠（左）。

第 15 集團軍代總司令關麟徵（左，黃埔軍校第 1 期學生）和第 2 軍軍長張耀明（右，黃埔軍校第 1 期學生）在湘北前線。

率部參加三次長沙會戰的第 10 軍軍長李玉堂）黃埔軍校第 1 期學生）。

第 37 軍軍長陳沛（左，黃埔軍校第 1 期學生）及參謀長周聖畏在前線。

指揮營田血戰的第 37 軍第 95 師師長羅奇（左，黃埔軍校第 1 期學生）及其參謀長。

指揮草鞋嶺殲滅戰的第 195 師師長覃異之（右，黃埔軍校第 2 期學生）在前線。

第一次長沙會戰時，中國軍隊駐守在天心閣城牆上。

第一次長沙會戰前夕，中國騎兵部隊冒雨趕赴前線。

駐守在長沙城內天心閣下的中國軍隊向竄入城內的日軍發起衝鋒。

參加湘北會戰的第 52 軍第 2 師師長趙公武
（潮州分校第 1 期學生）。

第二次長沙會戰，中國
軍隊阻擊日軍。

第三次長沙會戰時,中國軍隊跨過新墻河臨時便橋,追趕日軍。

第二次長沙會戰，中國軍隊攻克平江，掃射殘敵。

第三次長沙會戰中被俘的日軍。

第三次長沙會戰中，日軍遭到慘敗，我軍獲得重大勝利。圖為戰場上的日軍屍體。

中國軍隊在草鞋嶺對日軍發動猛烈攻擊。

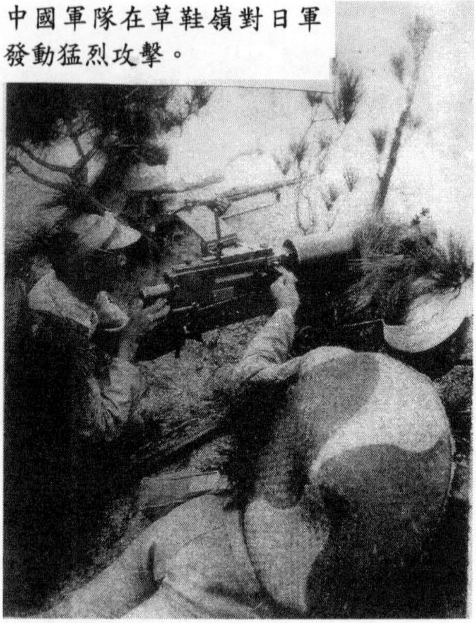

賴傳湘，江西南康人，1903 年生。黃埔軍校第 4 期畢業。第 10 軍 190 師少將副師長。1941 年 9 月 24 日，在第二次長沙會戰時犧牲。被國民政府追贈為陸軍中將。

註釋：

註一：杭元祥，〈悍代英對黃埔軍校政治教育的貢獻〉，《黃埔》雙月刊，總第一六四期。北京，《黃埔》雜誌社，二〇一五年九月一日。頁四七——四九。

註二：胡筑生，〈台灣光復節感言〉，同註一，頁二六。

註三：陳福成，《日本問題的終極處理：廿一世紀中國人的天命與扶桑省建設要綱》台北：文史哲出版社，二〇一三年七月）。

註四：所謂「價值陳述」和「事實陳述」，是人類對一切事情的表達（口頭、書寫等），永遠有爭議的傾向議題。人類一切科學，如文學、歷史、政治、醫學……都涉及這兩個命題。但以最簡單的說，事實陳述如「這裡有三朵花，一紅、一白、一黃。」價值陳述如「這三朵花，我喜歡紅花，不太喜歡黃花，討厭白花。」可以這麼說，地球上所有人的一切表達，都在這種情境中搖搖擺擺，包含你如何陳述「長沙會戰」。可以確定，在台灣、在大陸、日本、美國，各作者的陳述不會完全一樣。

第三章　抗戰中的黃埔師生之常德會戰等

壹、《黃埔》雜誌總第166期文章標題（註一）

特別策劃：抗戰中的黃埔師生之常德會戰等。
導語、圖片、「七七事變」及平津血戰。
南京保衛戰、徐州會戰及台兒庄大捷。
南昌會戰、百團大戰、上高會戰、東北抗日聯軍。
鄂西會戰、常德會戰、豫湘桂會戰、湘西會戰。

時　政

王　忍，〈荊楚三千里　灑滿黃埔情〉（兩岸黃埔親屬湖北行）。
李躍乾，〈「習馬會」翻開兩岸關係歷史新頁。「張夏會」爲兩岸關係注入正能量〉。
吳亞明，〈二〇一五年十月—十一月海峽兩岸大事記〉。
本刊記者，〈由撥亂反正進入改革開放時期的西藏（續）—訪中國藏學研究中心當代研究所研究員王小彬〉。

人物春秋、歷　史

陳予歡，〈鄧演達與黃埔軍校〉。
姚同發，〈傅慰孤：兩岸孫武文化交流的強力推手〉。
鄭連管，〈一技在手凌雲志　惟願懸壺濟眾生—記黃埔十五期生岳國瑄和他的兒女們〉。
石瀅琪，〈守城—百歲黃埔老人趙師顏的抗戰經歷〉。
曹　藝，〈漫話史迪威將軍〉。
楊守禮、黃勝利，〈黃埔師生是抗日主戰場的中堅力量—從黃雍工作點滴看黃埔師生在抗日戰爭中的作用〉。

賈曉明，〈黃埔軍校呈請調任錢大鈞爲國民革命軍第一軍第一師副師長兼司令部參謀長〉（一九二五年十二月二十日）。

單補生，〈罕見的中央軍校扣式校長像章〉。

郜 言，〈吳伯雄老驥伏櫪「馬王合」順利成局〉。

文 化

《國內外名人名家贊賀惠邦書法藝術詩詞文集》出版。

劉子和，〈雍容曠達開張正大—紀炳興書法、繪畫印象解析〉。

貳、筆記、心得

△這期《黃埔》雜誌，在李忠誠和李立策劃下，動員專業團隊，一口氣報導了十幾個大型抗倭會戰，大致把握住「事實陳述」的原則，如此的把歷史真相呈現出來，在兩岸會越來越多，這是好現象。例如〈導語〉的一段話就讓我感慨感動：「從黃埔軍校走出的著名抗戰英烈和高級將領多達二百餘人爲國殉難。在歷次重大戰役、會戰中，無數黃埔師生拋頭顱，灑熱血，救國救民，他們是抗戰的中堅力量和民族精英。」（註二）

然而，這樣的黃埔精神，在台灣的陸軍官校雖然持續招生中，黃埔精神則已式微，只成爲一則「廣告」，大家對「黃埔精神」已無感，只是一種升官發財、領薪吃飯的工作。

當然這問題太複雜，但腦袋清醒的人看出簡單的真理，當「中華民國」，成爲中國的地方割剧政權，大家連「統一」都不敢說出口，而追求中國之統一富強本是黃埔宗旨。那麼，要叫新一代黃埔人何去何從？不知道爲何而戰？爲誰而戰？

△**南京保衛戰、「南京大屠殺」**，無異是中國現代史上最傷痛的一頁，國家竟無力保衛自己子民，任由日本鬼子屠殺我們手無寸鐵的百姓。《黃埔》雜誌〈南京保衛戰〉已將事件始末寫的很清楚，不僅兩岸，西方國家也有很多揭發真相者，如在美國的張純如著《被遺忘的大屠殺：一九三七南京浩劫》（The Rape of Nanking—The Forgotten Holocaust of world WarII）。（註三）這個中華民族的大災劫，數十年來我心中始終有個疑惑，爲什麼我老校長蔣公對此事始終「淡化」？

這是很大的「問題」，是否和他留倭有關？包含後來「以德報怨」也因他對「倭國」有情？？？而更讓我懷疑和不解，在抗戰勝利後，中國法庭審判日本戰犯，對屠殺中國百姓無數的『日本在中國最高派遣軍司令官岡村寧次」本應判死刑。蔣公用他強大的權力介入，使岡村寧次判「無罪」脫身。（註四）這太詭異了！怎麼對得起死難的軍民同胞？怎對得起你的黃埔子弟？

南京保衛戰的幾個慘烈焦點：第88師血戰雨花台、八十七師浴血光華門、中央教導總隊死守紫金山、第74軍水西門之戰、第2軍團死守烏龍山堯化。之所以導至慘敗，日軍進城大屠殺，問題出在「首都衛戍司令長官」唐生智指揮和誤判敵情，這在兩岸已有出版品研究，本書略述。而唐生智以下各戰鬥部隊指揮官都「置死生於度外」，其中屬我黃埔人有：

第71軍，軍長王敬久，黃埔一期。

轄第87師，師長沈發藻，黃埔二期。

第72軍，軍長孫元良兼第88師師長，黃埔一期。

第74軍，軍長俞濟時，黃埔一期。

轄第51師，師長王耀武，黃埔三期。

轄第58師，師長馮聖法，黃埔一期。

第78軍，軍長宋希濂兼第36師師長，黃埔一期。

黃埔軍校教導總隊（各級指揮官大多黃埔畢業生）。

關於「南京大屠殺」，我要說的還是回到我堅定不移的主張，日本是中國的「天敵」，全亞洲永久性的禍害，必須儘早滅之，而有能力消滅倭人只有中國。最晚在本世紀中葉前，中國以五顆核武迅雷不及掩耳滅之，收服該列島改設「中國扶桑省」。（註五）再者，當代中國知識份子（如主持《黃埔》雜誌諸君），應擴大宣傳「日本是中國的天敵、儘早滅之思想」，是重要的愛國和民族主義教育。爲此，本章之後附筆者收藏的倭人獸行圖照，希望讓更多的中國人看到，向四海中國人宣傳。

△**徐州會戰及台兒庄大捷、豫東戰役**。一九三八年三月開始的徐州會戰，是中倭以江蘇徐州爲中心的大作戰，主要有台兒庄大捷（魯南會戰）和豫東戰役。指揮台兒庄大捷的黃埔重要指揮官有：

第五戰區，副司令長官李品仙，黃埔一分校主任。

第20軍團，軍團長湯恩伯，黃埔教官。

第42軍，軍長馮安邦，黃埔高教班2期。

第52軍，軍長關麟徵，黃埔1期。

第85軍，軍長王仲廉，黃埔1期。

第60軍，參謀長趙錦雯，黃埔官佐。

第92軍，畢長李仙洲兼21師師長，黃埔1期。

第2師，師長鄭洞國，黃埔1期。
第13軍第4師，師長蔡劍鳴，黃埔3期。
第85軍第4師，師長陳大慶，黃埔1期。
第25師，師長張耀明，黃埔1期。
第31師，師長池峰城，黃埔高教班1期。
第89師，師長張雪中，黃埔1期。
師參謀長呂公良，黃埔5期。
第93師，師長甘麗初，黃埔1期。
第104師，師長王文彥，黃埔1期。
第110師，師長張　軫，黃埔4期總教官。
第180師，師長劉振三，黃埔高教班2期。
第183師，副所長潘朔端，黃埔4期。
第73旅，旅長戴安瀾，黃埔3期。
第89旅，旅長黃鼎新，黃埔3期。
第557團，副團長彭佐熙，黃埔2期。

第12旅，旅長石　覺，黃埔3期。

第529團，團長羅芳珪，黃埔4期。

第185團，團長曾澤生，黃埔3期區隊長。

參加台兒庄大捷的黃埔人還有鄧春華（1期）、吳瑤（1期）、王隆璣（3期）、吳超（3期）、張忠中（4期）、杜鼎（5期）等。豫東戰役是徐州會戰另一重要部份，由黃埔老大哥擔任部隊指揮主要有：

第17軍團，軍團長胡宗南兼第1軍軍長，黃埔1期

第8軍，軍長黃　杰，黃埔1期。

第27軍，軍長桂永清，黃埔1期。

第71軍，軍長宋希濂，黃埔1期。

第74軍，軍長俞濟時兼58師師長，黃埔1期。

第1師，師長李鐵軍，黃埔1期。

第36師，師長蔣伏生，黃埔1期，後繼師長陳瑞河，黃埔2期。

第46師，師長李良榮，黃埔1期。

第51師，師長王耀武，黃埔3期。

第58師第174旅，旅長馮聖法，黃埔1期。

第78師，師長李　文，黃埔1期。

第87師，師長沈發藻，黃埔2期。

第88師，師長龍慕韓，黃埔1期。

第95師，師長羅　奇，黃埔1期。

第166師，師長郜子舉，黃埔軍事教官。

在徐州會戰其他方面作戰的黃埔指揮官，重要還有：第2軍（軍長李延年兼第9師師長，黃埔1期）、第3師（師長李玉堂，黃埔1期）、第28師（師長董釗，黃埔1期）、第61師（師長鍾松，黃埔2期）、第49師（師長周士冕，黃埔1期）、第117師（師長李守維，黃埔2期）等。

△**南昌會戰**。一九三九年初，中倭兩軍在南昌的攻守作戰，在贛北地區一系列的爭奪戰。在這次會戰中，黃埔前輩指揮的部隊主要有：

第九戰區，司令長官陳　誠，黃埔1期教官。

第1集團軍，總司令盧　漢，黃埔昆明分校總隊長。

代總司令高蔭槐，黃埔昆明分校副總隊長。

參謀長趙錦雯，黃埔官佐。

第30集團軍，參謀長宋相成，黃埔官佐。

第8軍，軍長李玉堂，黃埔1期。

第58軍，軍長孫　渡，黃埔昆明分校16期。

第74軍，軍長俞濟時，黃埔1期。

第79軍，軍長夏楚中，黃埔1期。

第3師，師長趙錫田，黃埔4期。

第26師，師長劉雨卿，黃埔高教班3期。

第51師，師長王耀武，黃埔3期。

第57師，師長施中誠，黃埔高教班4期。

第58師，師長馮聖法，黃埔1期。

第76師，師長王凌雲，黃埔高教班3期。

第77師，師長柳際明，黃埔教官。

第79師，師長段朗如，黃埔3期。

第98師，師長王甲本，黃埔高教班3期。

第118師，師長王　嚴，黃埔3期。
第141師，師長唐永良，黃埔教官。
第179師，師長丁炳權，黃埔1期。
新16師，師長吳宇權，黃埔6期。
預9師，師長張言傳，黃埔2期。
預10師，師長方先覺，黃埔3期。

△百團大戰。中共歷來宣揚最力的一場「經典」戰役。一九四〇年八月二十日，八路軍在華北晉察冀邊境，發動百團（105個團兵力40萬人、另加20民兵）對日作戰。歷時三個半月，到十二月五日勝利結束，史稱「百團大戰」。但這場戰役是台灣方面國民黨政府往昔所不提不說，因此我引一本老外的著作來說。Bruce Ellemon 所著《Modern Chinese Warfare, 1795~1989》一書，提到解放軍發動這場對日作戰，估計四十萬兵力參戰，據說八路軍和民兵有十萬人傷亡。（註六）解放軍也好！國軍！全都是「中國軍」，中華民族的好兒女，是役死傷確實慘重。在抗日戰爭中，因我們裝備很差，訓練不足，面對有精良裝備的日軍，平均日軍死一人，我們死三人，我們是用千百萬生命換取民族的尊嚴。

在Bruce Elleman的著作也提到，倭軍在中國的司令官岡村寧次，於一九四一年展開「三光」作戰（殺光、搶光、燒光），使中共控制地區人口由四千萬減少到兩千五百萬人，八路軍從四十萬減少到大約三十萬人。（註七）不談軍隊死傷，岡村寧次至少屠殺數百萬中國百姓，就是這樣的罪行，我才不能理解蔣介石在戰後爲什麼要「救」岡村寧次，用強大權力介入軍法判他「無罪」。我老校長北伐統一抗日有功乃事实，但此事未來歷史會「清算」他，現在時間未到！

百團大戰雖以解放軍（八路軍）爲主力，仍有我黃埔健兒參與如：左權（黃埔1期）、聶榮臻（黃埔教官）、徐向前（1期）、陳賡（1期）、周士第（1期）、倪志亮（4期）、李運昌（4期）、程子華（黃埔武漢分校6期）等。都是主要部隊指揮官。

△**常德會戰**。一九四三年十一月初，倭軍七個師團約十萬兵力進犯我湘鄂西之常德地區。我軍以第6和第9戰區16個軍43個師約21萬兵力迎戰，到十二月二十日結束，倭軍傷亡四萬餘人，我軍傷亡五萬餘人，算是大勝。參加此次會戰，我黃埔老大哥師級以上指揮官有：

第10集團軍，總司令王敬久，黃埔1期。

第27集團軍，副總司令李玉堂，黃埔1期。

第29集團軍，副總司令兼第74畢軍長王耀武，黃埔3期。

第10軍，軍長方先覺，黃埔3期。

第18軍，軍長羅廣文，黃埔教官。

第30軍，軍長池峰城，黃埔高教班1期。

第44軍，軍長王澤浚，黃埔高教班6期。

第59軍，軍長劉振三，黃埔高教班2期。

第66軍，軍長方　靖，黃埔潮州分校2期。

第75軍，軍長柳際明，黃埔教官。

第79軍，軍長王甲本，黃埔高教班3期。

第86軍，軍長朱鼎卿，黃埔高教班3期。

第99軍，軍長梁漢明，黃埔1期。

第100軍，軍長施中誠，黃埔高教班4期。

第3師，師長周慶祥，黃埔4期。

第5師，師長李則芬，黃埔5期。

第11師，師長胡　璉，黃埔4期。

第18師，師長覃道善，黃埔4期。

第51師，師長周志道，黃埔4期。

第57師，師長余程万，黃埔1期。

第58師，師長張靈甫，黃埔4期。

第63師，師長趙錫田，黃埔4期。

第77師，師長郭汝瑰，黃埔5期。

代師長韓浚，黃埔1期。

第92師，師長艾　靉，黃埔4期。

第98師，師長向敏思，黃埔4期。

第121師，師長戴之奇，黃埔潮州分校2期。

第185師，代師長李仲辛，黃埔6期。

第190師，師長朱　岳，黃埔3期。

第194師，師長龔傳文，黃埔高教班3期。

第199師，師長周天健，黃埔1期。

暫5師，師長彭士量，黃埔4期（陣亡）。

暫6師，師長趙季平，黃埔4期。

暫7師，師長王作華，黃埔2期。

暫35師，師長勞冠英，黃埔5期。

暫54師，師長饒少偉，黃埔6期。

預10師，師長孫明瑾，黃埔6期。

△**豫湘桂會戰**。我國抗倭以來，倭軍發動最大規模攻勢作戰，倭人稱「大陸打通作戰」，動員約五十一萬兵力，企圖打通從中國東北到越南的大陸交通線。

我軍參戰兵力爲一百零四個師，總兵力約百萬，從一九四四年四月打到十二月。表面上倭軍取勝，但因結果造成倭軍過度分散，交通線通了，戰略作用微弱，加速了倭國的敗亡。當然，我軍亦損失慘重，我國地大物博人眾，能承擔這樣的損失，才有最後的勝利。此次會戰，我黃埔老大哥指揮部隊，有7個集團軍（兵團）、20多個軍、30多個師。

集團軍（兵團）：

第8戰區，司令長官胡宗南，黃埔1期。

第19集團軍，總司令陳大慶，黃埔1期。

第24集團軍，總司令王耀武，黃埔1期。
第27集團軍，副總司令李玉堂，黃埔1期。
第28集團軍，總司令李仙洲，黃埔1期。
第31集團軍，總司令王仲廉，黃埔1期。
第34集團軍，總司令李延年，黃埔1期。
獨立兵團，總司令劉　戡，黃埔1期。

軍級部隊：

第10軍，軍長方先覺，黃埔3期。
第13軍，軍長石　覺，黃埔3期時用石世偉。
第14軍，前軍長張際鵬，黃埔1期。
第27軍，軍長周士冕，黃埔1期。
第29軍，前軍長馬勵武，黃埔1期。
後軍長孫元良，黃埔1期。
第37單，軍長羅　奇，黃埔1期。
第38軍，畢長張耀明，黃埔1期。

第57軍，軍長劉安祺，黃埔3期。
第62畢，軍長黃　濤，黃埔6期。
第78軍，軍長賴汝雄，黃埔2期。
第79軍，軍長王甲本，黃埔高教班3期。
第85軍，軍長吳紹周，黃埔高教班5期。
第89軍，軍長顏錫九，黃埔2期。
第93軍，軍長陳牧農，黃埔1期。
第97軍，軍長陳素農，黃埔3期。
第98軍，軍長劉希程，黃埔1期。
暫2軍，軍長沈發藻，黃埔2期。
暫4軍，軍長謝輔三，黃埔潮州分校1期。
騎兵第2軍，軍長廖運澤，黃埔1期。

師級部隊：

第4師，師長蔡劍鳴，黃埔3期。
第17師，師長申及智，黃埔4期。

第20師，師長趙桂森，黃埔6期。
第22師，師長譚乃大，黃埔4期。
第27師，師長蕭　勁，黃埔6期。
第44師，師長姚秉勛，黃埔3期。
第47師，師長楊　蔚，黃埔4期。
第54師，師長史松泉，黃埔6期。
第55師，師長李守正，黃埔4期。
第58師，師長張靈甫，黃埔4期。
第65師，師長李紀云，黃埔3期。
第83師，師長沈向奎，黃埔4期。
第85師，前師長王連慶，黃埔1期。
後師長陳德明，黃埔4期。
第91師，師長王鐵麟，黃埔5期。
第97師，師長胡長青，黃埔4期。
第98師，師長向敏思，黃埔4期。

第109師，師長戴慕真，黃埔6期。
第110師，師長廖運周，黃埔5期。
第157師，師長李安達，黃埔6期。
第167師，師長王隆璣，黃埔3期。
第177師，師長李振西，黃埔6期。
新29師，前師長呂公良，黃埔6期。
　後師長劉漢興，黃埔4期。
暫14師，師長李鴻慈，黃埔4期。
暫16師，師長吳求劍，黃埔3期。
暫30師，師長洪顯成，黃埔1期。
暫51師，師長史宏熹，黃埔2期。
預3師，師長陳鞠旅，黃埔5期。
預10師，師長葛先才，黃埔6期。
預11師，師長趙　琳，黃埔3期。
砲兵指揮部，總指揮彭孟緝，黃埔3期。

△**湘西會戰**（中國抗日最後一次會戰）。一九四五年。初，倭軍已到強弩之末，四月九日以八萬兵力進犯湘西。我軍在第4方面軍總司令王耀武指揮下，到六月七日我軍取勝，敵我各傷亡兩萬多人。這樣「一命換一命」，對裝備極差的中國軍隊，是極大的勝利，我黃埔老大哥在此役指揮的部隊有：

第10集團軍，總司令王敬久，黃埔1期。

第24集團軍，總司令王耀武，黃埔1期。

第27集團軍，總司令李玉堂，黃埔1期。

第18軍，軍長胡　璉，黃埔4期，指揮：

第11師，師長楊伯濤，黃埔武漢分校7期。

第18師，師長覃道善，黃埔4期。

第118師，師長戴　樸，黃埔武漢分校7期。

第73軍，軍長薛　淩，黃埔1期，指揮：

第15師。

第77師，師長唐生海，黃埔3期。

第193師，師長蕭重光，黃埔6期。

第74軍，軍長施中誠，黃埔高教班4期，指揮：

第51師。

第57師，師長李　琰，黃埔高教班5期。

第58師，師長蔡仁杰，黃埔5期。

暫6師，師長趙季平，黃埔4期。

第196師，師長曹玉珩，黃埔4期（時曹森）。

第94軍，軍長牟廷芳，黃埔1期，指揮：

第5師，師長李則芬，黃埔5期。

第43師。

第121師，師長朱敬民，黃埔6期。

第100軍，軍長李天霞，黃埔3期，指揮：

第19師，師長楊　蔭，黃埔4期。

第51師，師長周志道，黃埔4期。

第63師。

第86軍第13師，師長靳力三，黃埔4期（靳希尙）。

新6軍，軍長廖耀湘，黃埔6期，指揮：

第14師，師長龍天武，黃埔4期。

第22師，師長李　濤，黃埔6期。

青年軍第207師，師長廖耀湘兼。

小結

本期《黃埔》雜誌尚有很多內容，避免一章太長均從略，最重要的已包含進來，爲擴大宣揚中國旁邊有個「天敵」，中國人永遠不忘記「南京大屠殺」，附圖片於後，以啓蒙中國每一代子民的警覺心和愛國心。最好的永絕後患之道，永保亞洲和平安全，儘早消滅倭國，令其亡種亡族亡國，收該列島爲「中國扶桑省」。

註釋：

註一：《黃埔》雜誌社，《黃埔》雙月刊，總第166期。北京，二〇一六年元月一日。

註二：同註一，頁二。

註三：張純如（Iris Chang）著，蕭富元譯，《被遺忘的大屠殺：一九三七南京浩劫》（台北：天下遠見出版有限公司，二〇〇一年九月十日第一版第十三次印行）。

註四：野島剛著，蘆荻譯，《最後的帝國軍人：蔣介石與白團》（台北：聯經出版事業有限公司，二〇一五年元月），第一、二章。

註五：陳福成，《日本問題的終極處理—廿一世紀中國人的天命與扶桑省建設要綱》（台北：文史哲出版社，二〇一三年七月）。

註六：Bruce Elleman 著，李厚壯譯，《Modern Chinese Warfare, 1795~1989》（近代中國的軍事與戰爭）（台北：時英出版社，二〇〇二年八月），第十二章，頁三五七—三五八。

註七：同註六。

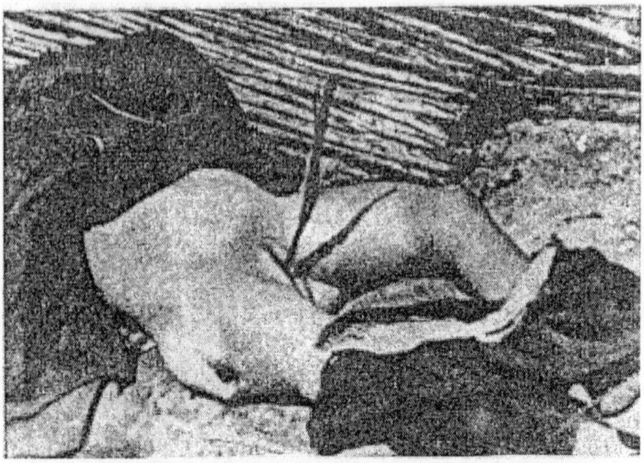

在南京街道上，橫陳的女屍都是雙腿大張，陰道被日軍用異物刺穿。

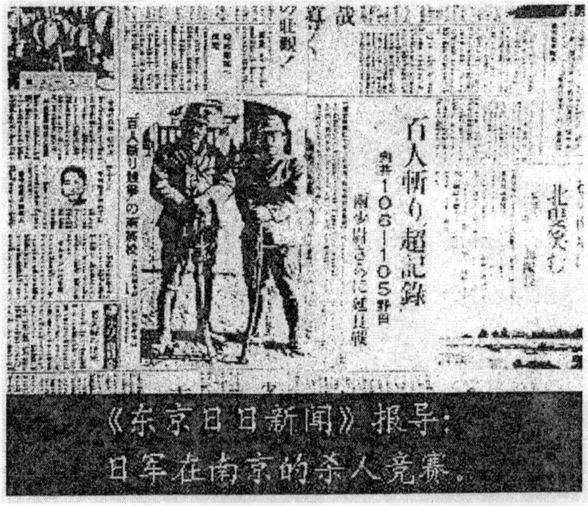
百人斬り超記錄
向井106—105野田
両少尉さらに延長戦
百人斬り競争の両將校

《东京日日新闻》报导：
日军在南京的杀人竟赛。

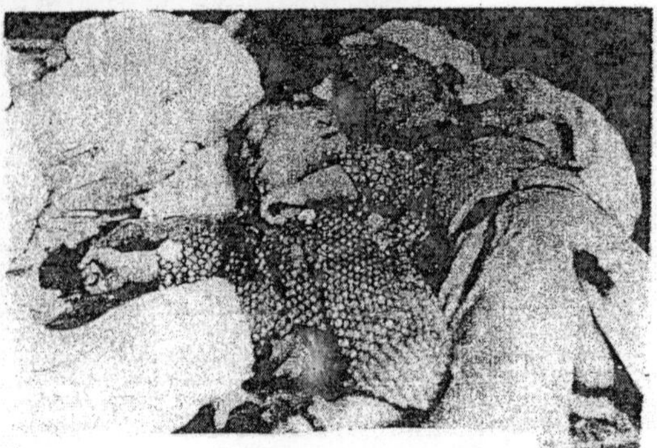

日軍侵華，手段殘暴，無辜婦女及嬰兒也被屠殺。

▲在南京大屠殺70周年前夕，剛出爐的翰林版（下）高一歷史課本卻刪除了這段歷史，僅在大事年表提到此事；三民版（中）與南一版（上）歷史課本與則有圖片與短短的文字。（林勝發攝）

一九四四年，在青島被日軍挖眼、割腹的中國嬰兒。他們的肝大部分被日軍士兵吃掉了。

屍體堆積如山，短短幾天之內，河水就被鮮血染紅。

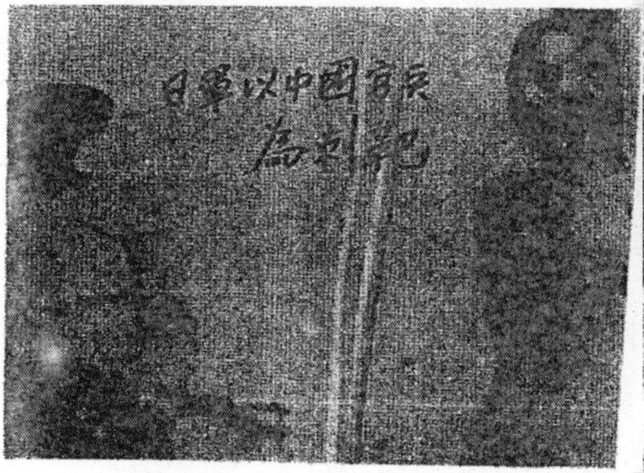

日軍強暴中國婦女。

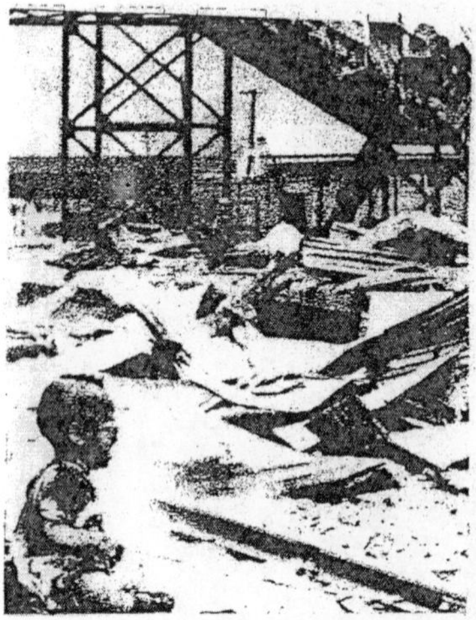

民國26月8月28日日軍濫炸上海南站後的情景。

被日軍任意殺害的無辜中國子民

日軍在河北狼牙山地區「掃蕩」。這對小兄弟，父母被日軍殺軍，住房也被燒毀。

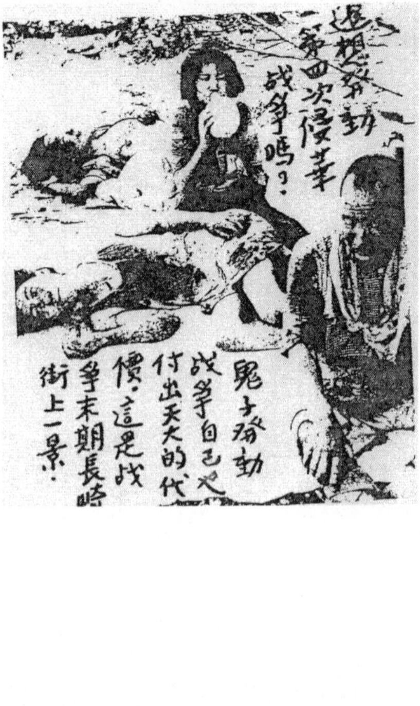

被日軍逮捕的一些中國同胞。

在日軍砲火屠殺下的中國難民。

南京大屠殺

日軍將我同胞眼睛蒙著後砍頭。

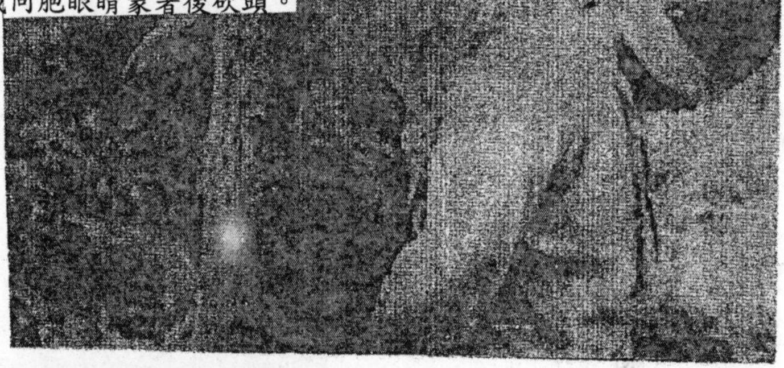

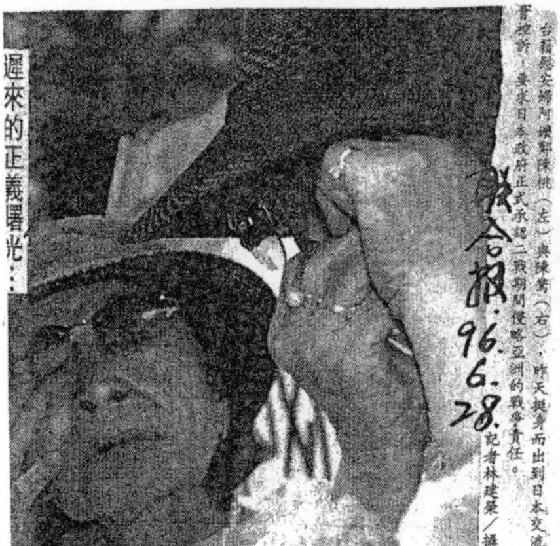

甲午戰爭

日海軍登陸之暴行，不僅殘殺無辜，且每人以長劍刺屍體攝。

1937年12月中旬，日本鬼子在南京的全城大屠殺。

在日軍砲火轟擊下，苦難小孩為了謀生，流落街頭賣唱。

一顆中國抗日志士的人頭，高置在日軍營區的鐵絲鋼上。

在南京城內，一個中國敢死隊被擒就義情景。

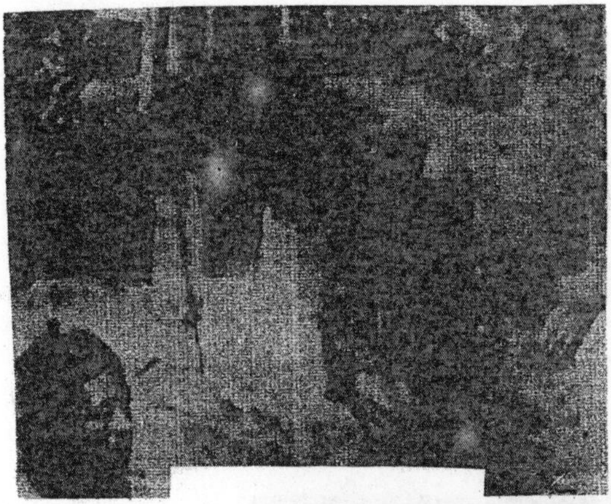

日軍將我同胞鎖在站籠裡活活餓死。

日軍將中國官兵捆綁集體屠殺。

南京市民不分男女老幼都被日軍趕往屠場集體屠殺。

日軍攻佔南京後，以各種殘酷手段，殺害中國軍民達三十萬人以上，史稱「南京大屠殺」。

民國 34 年 2 月 4 日至 11 日，蘇、美、英三國政府首腦史達林、羅斯福、邱吉爾在蘇聯的雅爾達舉行會議，簽訂了損害中國利益的「雅爾達密約」。

南京大屠殺。
一群日軍正帶著冷酷的表情將南京民眾活埋。

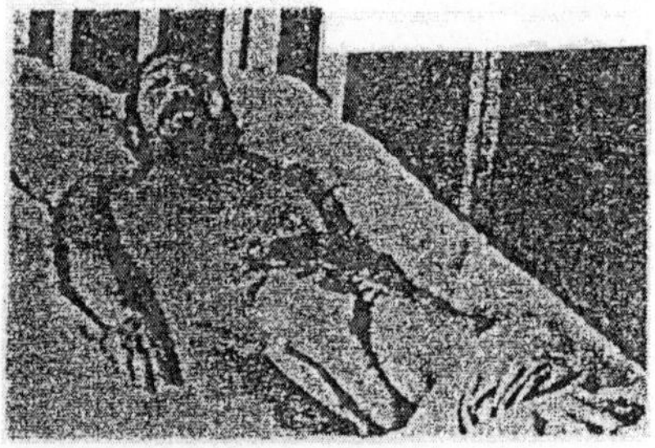

日軍用火燒我同胞下腹的殘暴行為。

日機濫炸南京市區，民房起火（民國 26 年 12 月）。

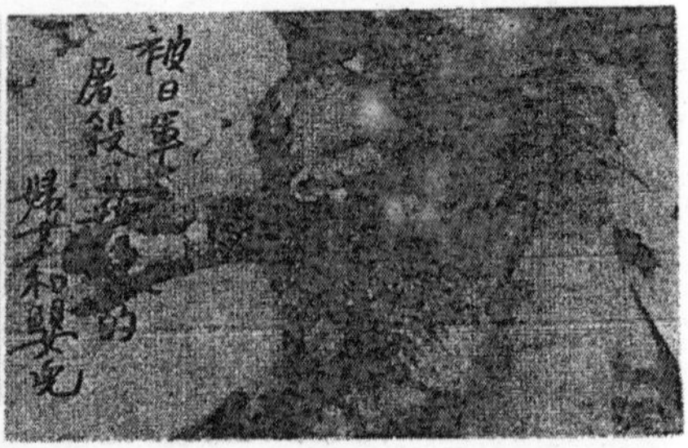

日軍輪姦婦女再行殺死的慘相。

日機濫炸重慶，市區大火(民國29年)

被日軍強暴殺害的婦女，慘不忍睹。

第四章　黃埔老人的幸福晚年與23期

壹、《黃埔》雜誌第167期文章標題（註一）

特別策劃

〈黃埔老人的幸福晚年〉（貴州篇）

時　政

趙　爽，〈兩岸熱線啓用　聯繫機制更進一步　台灣政黨輪替　兩岸關係走向何方〉

吳亞明，〈二〇一五年十二月—二〇一六年元月海峽兩岸大事記〉

本刊記者，〈改革開放初期西藏工作在曲折發展中的探索—訪中國藏學研究中心當代研究所研究員王小彬〉。

人　物

徐步軍，〈長憶當年抗日寇　少年鬪志喜己酬—紀念李友邦將軍誕辰110周年〉

姚同發，〈劉源俊：一位教育專家的兩岸情懷〉

黎　言，〈亦文亦武亦大夫—記桂林市黃埔軍校同學會會長黎克忠〉。

高　林，〈一腔黃埔情懷寫意世紀人生—百歲黃埔老人郭學聖〉。

李維東，〈爺爺的風範〉。

歷　史

陳予歡，〈粵東一隅　黃埔之光—爲紀念黃埔軍校潮州分校建校90周年撰文〉。

賈曉明，《一九二五年十二月二十一日黃埔三期生舉行大規模野外演習〉。

單補生，〈我珍藏的黃埔軍校《戰鬪備忘錄》〉。

朱誠仁口述、朱廣印整理，〈我和馬燈的故事〉。

郜　言，〈「立委」選戰跌破眼鏡、國民黨狂勝民進黨〉（上）。

文　化

頓長彬，〈再釋書法與時俱進—我的宇宙書法觀〉。

貳、筆記心得：大陸黃埔老人的幸福晚年VS台灣黃埔老人的抗爭晚年

看到這期的封面標題，立刻引起無限感慨，一陣心酸湧上來，「黃埔老人的幸福晚年」，這是大陸黃埔老人得到國家特別尊重，政府特別照料，他們過著快樂的晚年，徐向前的題字「爲黃埔同學立言」，《黃埔》雜誌社做到了，逐一訪談黃埔老人們，寫下他們歷史，留下他們的身影，讓他們成爲中國人的子子孫孫學習的典範。國家願意爲他們這樣做，如是重視他們年輕時代爲國爲民的付出，就能鼓舞現在和未來的中國軍人，無怨無悔的付出，因爲他們的父祖輩就是這樣做的。

反觀台灣地區的黃埔老人，已經被「台獨僞政權」的一群漢奸走狗鬥成「社會米蟲」，打成「全民公敵」。黃埔老人們（含筆者）抗爭無力，漢奸走狗砍掉黃埔老人的退休金，奪走黃埔老人（含軍公教）尊嚴。對照大陸黃埔老人的幸福晚年，台灣則是「黃埔老人的抗爭晚年」，乃至不少是「黃埔老人的不幸晚年」。台灣黃埔人的晚年，活在抗爭、革命、造反、不滿、痛恨、悲哀、自我放逐的複雜情境中……孤臣無力可回天，這個地方現在由一個妓女統治者，滿朝土匪、漢奸、走狗，而滿街警察和情治走犬……唯一能救台灣的，是儘快完成統一，任何方式的統一（含武統），都是救台灣的「仙丹」。

回到《黃埔》雙月刊第167期，「黃埔老人的幸福晚年」（貴州篇），由李忠誠策劃，陸東紅執行編輯，劉燕整體設計。報導四十多位黃埔老人的事蹟和生活現況，以下只列出他們基本資料和黃埔期別。黃埔23期因有特別歷史背景，放在「**參**」項說。（註二）

溫文魁，壯族，一九二一年九月生，廣西馬山縣人，黃埔軍校第21期步科，現任貴州黃埔同學會會長。

吳弘毅，湖南華容縣人，一九二二年八月生，黃埔軍校十九期輜重科，現任貴州黃埔軍校同學會副會長。

王啓福，貴州施秉人，一九二〇年元月生，黃埔軍校二分校十八期步科，九十歲時開始學古箏，快樂生活。

王德元，陝西城固人，一九二七年四月生，黃埔軍校二十四期。（筆者註：可能23期，因24期在台灣開始招生）

李永揚，布依族，貴州獨山人，一九二四年三月生，黃埔軍校四分校十八期步科，目前過著悠閒的田園生活。

盧本漢，湖北浠水人，一九二九年四月生，黃埔軍校二十一期騎兵科，目前過著四代同堂的幸福生功。

呂　品（原名呂慶泰），江蘇南京人，一九一九年六月生，黃埔軍校十六期（都勻砲校代訓）砲科，老年當作家。

李文華（曾用名李中仁、李中毅），山東泰安人，一九一四年十二月生，黃埔軍校十六期砲科（都勻砲校代訓）。

李成志（又名李義朝），四川樂山人，一九一三年五月生，黃埔軍校成都分校一期土木科，現在四代同堂生活。

李茂德（又名李文濤），貴州盤縣人，一九二一年十月生，黃埔校第五分校十八期步科。

李榮校，貴州平垻人，一九二〇年元月生，黃埔軍校第七分校十七期步科，目前過著四代同堂生活。

楊良輝，貴州黔西人，一九一六年四月生，黃埔軍校成都分校軍官大隊畢業，晚年種鳳尾菇、做玫瑰糖，小有名氣。

方萬年，湖北武昌人，一九二一年二月生，黃埔軍校二分校十六期步科，晚年喜歡戶外活動。

楊國文（原名楊振中），侗族，貴州天柱人，一九一九年十二月生，黃埔軍校十九期步科，晚年四代同堂。

楊瑞堂（別名楊整軍），江蘇金壇人，一九二〇年七月生，黃埔軍校四分校十七期步科，晚年仍關心祖國統一。

吳道華（原名吳平），苗族，貴州凱里人，一九二三年八月生，黃埔軍校十九期步科，貴州黃埔軍校同學會理事。

谷志遠（又名谷克達、谷恩信），河南宜陽人，一九一六年十一月生，黃埔軍校廿一期步科。

鄒安泰（又名鄒安太），江西宜豐人，一九二一年四月生，黃埔軍校二分校十六期步科，晚年編寫自己和老伴的回憶。

宋長宏，貴州金沙人，一九二二年十月生，黃埔軍校二分校十九期步科。晚身定居遵義，擅長楹聯和書法。

陳　桓（原名陳際楨），侗族，貴州鎮遠人，一九二六年元月生，北平陸軍軍官學校軍官班十五期。

易先華（又名易行），貴州習水人，一九二六年元月生，黃埔軍校二〇期通信科。晚年與台灣黃埔同學有書信往來。

羅東武（又名羅世裕），湖南邵東人，一九二五年十一月生，黃埔軍校廿一期步科，晚年讀《黃埔》雜誌爲樂。

金傳炎（又名金重坤），貴州桐梓人，一九二八年元月生。黃埔軍校廿一期步科。晚外過著四代同堂生活。

周萬政（又名周文天），貴州遵義人，一九二一年十月生，黃埔軍校二分校十七期步科，晚年撰寫抗戰回憶。

胡　斌（原名胡和義），陝西安康人，一九二九年十二月生，黃埔軍校廿四期（筆者註：擬是廿三期）。

侯偉功，廣西桂林人，一九一六年元月生，黃埔軍校一分校十二期步科，晚年口述戰史，多家電視台來採訪。

夏禹聲（現名夏子福），貴州湄潭人，一九二〇年三月生，黃埔軍校五分校十四期通信兵科。

郭學聖（又名郭經華），黑龍江呼蘭人，一九一六年四月生，黃埔軍校十四期通信科，貴州黃埔軍校同學會理事。

唐　靖（又名唐貽海），湖南邵陽人，一九二九年十月生，黃埔軍校廿一期步科，貴州黃埔軍校同學會理事。

姬文超，彝族，貴州水城人，一九二九年九月生，黃埔軍校廿二期步科，貴州黃埔軍校同學會理事。

黃文禮，雲南彌渡人，一九二一年九月生，黃埔軍校五分校十六期步科，貴州黃埔軍校同學會理事。

黃家勛（又名黃慶麟），貴州麻江人，一九二五年三月生，黃埔軍校十八期通信兵科，現在三代同堂生活。

梁佳文，侗族，廣西武鳴人，一九一四年十二月生，黃埔軍校六分校十四期工兵科。

將玉才，江蘇南京人，一九二七年十二月生，黃埔軍校十九期砲科。貴州黃埔軍校同學會理事。

蔣鵬志（又名海光德），貴州貴陽人，一九一六年七月生，黃埔軍校七分校軍官班三期。

蔡嘉仁，雲南墨江人，一九二六年十二月生，黃埔軍校二十期步科，晚年整理自己史料，選入遵義市檔案館。

熊雨山，貴州獨山人，一九二五年四月生，黃埔軍校四分校十八期步科。晚年喜歡書法、書畫，很有成就！

參、想起黃埔23期老大哥無限感慨！

前項「黃埔老人的幸福晚年」（貴州篇），因黃埔廿三期有特別因素，置本項合爲一說。

蔣建英（又名蔣盛利），貴州貴陽人，一九二八年二月生，黃埔軍校廿三期通信兵科，現爲貴州黃埔軍校同學會副會長。

王建英，貴州清鎭人，一九二九年十二月生，黃埔軍校廿三期砲科，晚年積極聯繫在台同學。

盧冰漢（原名盧運質），貴州惠水人，一九二五年七月生，黃埔軍校七期砲科，曾任惠水縣政協委員。

任明強，土家族，貴州思南人，一九二五年十月生，黃埔軍校廿三期砲科，晚年仍最關心國家統一大業！

陳孝本，四川成都人（這是我老鄉），一九二七年八月生，黃埔軍校廿三期砲科，現四代同堂生活。

陳澤霖，貴州貴陽人，一九三〇年四月生，黃埔軍校廿三期工兵科，晚年愛旅遊，帶老伴走遍大江南北。

錢 麟（又名錢觀澄），安徽樅陽人，一九二七年元月生，黃埔軍校廿三期。晚年書寫自己一生經歷，快樂自在！

徐芝和（原名徐培貴），山西榆次人，一九三〇年十一月生，黃埔軍校廿三期，晚年曾到高中任教。

黃長庚，貴州貴陽人，一九二七年七月生，黃埔軍校廿三期步科，貴州黃埔軍校同學多理事。

有二位老大哥在本期雜誌寫著廿四期，王德元和胡斌，是否印刷核對等有錯！我判斷可能廿三期才對。因爲文中都提到「一九四九年十二月，隨軍校在成都市大邑起義」，這是廿三期碰到的情形，再者廿四期是在台灣鳳山復校才有的。

說到廿三期爲何感慨？在筆者軍校學生時代（一九六八—一九七五年），零星聽過前輩談起廿三期的故事，好像很神秘！畢業後數十年來都沒有任何廿三期的資料，好像黃埔軍校沒有這一期。直到網路時代，我偶然發現廿三期的消息，列印下來供校史參考。

爲什麼以前沒聽過黃埔23期

陸軍官校校史館標註著，學校在大陸時期叫做「黃埔軍校」，是從1-22期(屆)，而台灣是從24期(屆)開始延續下來，中間就只少23期這麼一期，這一期的歷史在當時是禁忌，不能去談也不敢討論，更無從得知爲何對於23期學長的種種，在校史上是張空白呢？

黃埔軍校在近代中國歷史上扮演了非常重要的角色，而黃埔軍校與美國西點軍校、英國桑赫斯特皇家軍事學院以及俄羅斯的伏龍芝軍事學院並稱世界「四大軍校」，在兩岸分隔近代史的重要軍事將領，從北伐、抗日，一直到國共內戰，甚至後來的韓戰（抗美援朝），指揮中國軍隊作戰的將領，幾乎都出身於黃埔軍校，尤其是軍校前幾期畢業的校友，要不是成爲解放軍的元帥大將、上將，就是國軍的一級上將、二級上將。

陸軍官校創立時的校址位於黃埔長洲島，創立時命名爲「陸軍軍官學校」。陸軍官校當時是國民黨的黨校，國民黨爲消滅共產黨在陸軍官校內的勢力，於1925年2月將校名改爲「中國國民黨黨立陸軍軍官學校」。1927年，陸軍官校遷往中華民國首都南京，1928年3月蔣介石以中央軍事委員會名義將陸官改稱「中央陸軍軍官學校」，改爲隸屬國民政府。
1937年，抗戰爆發，陸軍官校爲了避過戰爭而西遷成都。1946年，陸軍官校恢復「陸軍軍官學校」原稱。1949年，中華民國政府遷往台灣，陸軍官校亦跟隨中央政府遷臺。1950年，陸軍官校於高雄鳳山復校繼續興學。

從黃埔軍校畢業的校友，每一期都有幾位校友至少幹到中將以上的職位，大概唯一也只有23期是例外的，以前在官校念書時，還曾經聽說「老總統(蔣介石)，只要聽到黃埔23期畢業的，就會掉眼淚，所以，也就沒人敢把23期，提拔爲將軍候選人」。
到底爲什麼黃埔23期這麼神秘，又當年到底他們發生了什麼事情，而必須讓當年國府與軍校要這麼特意的隱藏這段過去呢？還好隨著兩岸局勢緩和與開放，慢慢的終於可以讓當年這段史實回歸到歷史了。

民國37年(1948)年，3000多位來自中國各地的年輕人，投入設於四川成都北教場的中央陸軍官校，一般人雖然將這所軍校暱稱爲黃埔軍校，但是軍校從成立以來只有短短4年期間校址在廣州黃埔，因爲近代中國飽經戰亂，所以學校也轉遷移到南京、成都，而學校在成都的時間，也是黃埔軍校在大陸時期最長的，而這群學生到校才報到沒多久，整個國共內戰的局勢已經完全逆轉。

當時的國軍與共軍展開的三大戰役『遼瀋戰役（遼西會戰）、淮海戰役（徐蚌會戰）與平津戰役（平津會戰），在1948年9月至1949年1月間發生。』，國軍完全失利並幾乎遭受全殲，損失上百萬菁英的部隊，這時候的共軍開始勢如破竹渡過長江，朝向華南與西南地區進迫，而這群剛好在亂世中投考軍校的學生，就是軍校23期的學生，也是黃埔軍校在大陸的最後一期，也許是因爲時代的悲劇，這一期學生就註定了與其他期別的黃埔校友有迥異的命運。
當淮海戰役（徐蚌會戰）結束後，解放軍以迅雷不及掩耳的速度，朝向大陸的東南與西南地區快速的挺進，而國軍自民國 38 年(1949 年)5 月份的上海保衛戰失利之後，幾乎整個已經失去戰鬥意志，短短不到一年的時間，就把剩餘的大陸半壁江山完全拱手讓給了解放軍。

在 1949 年 12 月份根本還沒到畢業時間，甚至連畢業儀式都差點來不及舉行，23 期就被迫提早畢業分發部隊，只是雖說是畢業分發，但當時整個四川盆地已經遭解放軍包圍了，而且軍隊又戰敗潰散，學生根本無從分發到部隊，只能在學校待命分發，而當時 23 期的畢業典禮是由「老總統(蔣介石)」親自飛到成都來主持，並住在軍校北校場黃埔樓上，當時還是由 23 期學生組織了護衛隊，保衛「老總統(蔣介石)」個人的安全，雖說如此，整個 23 期學生的悲慘命運也在冥冥中被註定了。

當「老總統飛離成都到台灣沒多久之後，四川的國軍已經紛紛向解放軍繳械投誠起義，此時的四川到處是烽火硝煙，人流連綿，好似大雨前的蟻穴蜂房，亂哄哄一片，本來國府是有計畫將黃埔軍校向西遷移，但是因為整個局勢急轉直下，所以，23 期的學生們根本無法撤出，大部分在軍校潛伏的共黨份子鼓吹下，也向解放軍宣佈起義投誠，僅有少數向西撤退到西康，後來在幾經奮戰下幾乎全軍覆沒，因此，當時整個留在成都軍校的 23 期學生，也就全部被留滯於大陸，沒來得及撤出。

據中國方面近年的出版的《最後一期黃埔軍校學生起義的經過》詳述成都軍校 23 期的最後日子:「黃埔軍校從成立到結束只有 23 期。國共雙方的大批優秀將領都是黃埔軍校的學生。黃埔軍校 23 期雖然名義上還稱『黃埔軍校』，但因為形勢的變化，只能在成都招生了。1948 年 6、7 月間，在成都考試，12 月 1 日正式開學。這時解放戰爭的整個形勢已經看得很清楚了，國民黨政府在軍事上和政治上都已經山窮水盡，即將土崩瓦解。」

「1949 年 9 月 8 日，黃埔軍校 3 名軍官與共產黨西南工作組秘密取得聯繫。包括黃埔三期，時任教育處陸軍少將處長李永中，特種兵少將總隊長蕭平波，及另一位陸軍少將蕭步鵬。1949 年 11 月初，蔣介石第二次來軍校，蔣召集軍校全體官生講話，說要遷校，卻沒說清遷到哪。但人們都明白，只有一個台灣，別無他處。那時西南只剩一個四川省。貴州解放，雲南盧漢起義。這時李永中、蕭平波準備扣押蔣介石後起義，但蕭步鵬把扣蔣計劃預先告訴了蔣。蔣介石坐機倉皇逃走。」

「接著李永中以代理教育長兼遷校行軍總指揮的名義安排遷校事宜。11 月中旬，全校開始行軍南下。李、蕭 2 將軍為實現「九·八協議」，使解放軍能順利接收軍校，學生和教官採取讓、拖、等的辦法。讓學生們行軍至雙流向南過新津、彭山縣、眉山到夾江又折回眉山、彭山回到新津又折向西到大邑，再向北過崇慶、溫江最後到郫縣。一個多月的時間，來回游動在川西平原，目的就是拖延時間，等待解放軍接收。」

「12 月 20 日軍校繼續北上至溫江西，這時北面軍校生已和解放軍接上頭；西面是羅廣文的一個軍，已經宣佈起義；東面是胡宗南 3 個兵團的國軍。時機終於等來，由李、蕭 2 將軍召集各隊隊長和學生代表會議。李講了形勢和前階段同中共的協議等；蕭將軍講了政策，願起義的留下，願跟國民黨的向東，願回家的自便。學生都願意起義。」

「25 日隊伍至郫縣，由李永中宣佈軍校起義。他講話的大意是：『校長、教育長都坐飛機走了！你們都是青年學生，我不能拿你們年青的生命去作無謂的犧牲。目前的形勢大家非常清楚，只有一條生路那就是起義。如果說這是罪過，罪過由我一人承擔。你們是青年，青年是有前途的，希望你們保重。今後一切行動都聽共產黨和解放軍的。』接著由解放軍代表宣佈軍校保持原編制不變，名稱暫叫『中國人民解放軍第二野戰軍軍校』。黃埔軍校 23 期學生總數為 3000 人，全部設施裝備，交還於人民。」

不過，23 期還是有[illegible]少部份來到台灣，1949 年 9 月中，有 77 名 23 期台籍學生與特殊狀況的學生，由政府用飛機載送來台灣，另外在 1950 年韓戰爆發(抗美援朝)，有部份的 23 期學生參加了戰爭，有些戰死於朝鮮戰場，但是也有 10 餘位向聯軍投誠，成了後來 123 自由日返台「反共義士」的少部份，而這些在台灣絕無僅有的 23 期學生，也一直被塵封在歷史的煙硝之中而逐漸的凋零，這段歷史直到近年來才慢慢的被解開。

歷史終究還是回歸於歷史，不管怎樣當年 23 期學生並非自願的被留滯於大陸，尤其當時他們還都只是學生的身分，既無兵權也不能左右時局的發展，只能默默的承受與渡過這一段混亂的時局，心中的無奈與感傷，相信是其他黃埔軍校校友所無法體會的。

還好隨著兩岸之間情勢的緩和，再加上老總統過世之後，慢慢的軍校也就願意來面對這段歷史，後來也就沒有再把 23 期視成為軍校的禁忌，畢竟在黃埔軍校 80 多年的歷史中有成功也有失敗，有輝煌也有黯淡，我想這不只是單單幾個期的校友所能造成，或者是要去承擔的，而是整個軍校校友們所一起締造的歷史史蹟。

小結

《黃埔》總第167期，徐步軍這篇紀念李友邦的文章，讀來也讓我很感傷。大約一九九七年後有十多年時間，我在台北蘆洲空中大學任教，「李友邦紀念館」（即李宅故居）就在旁邊，我進去參觀多次，回顧他的歷史，懷念這位忠貞而冤死的黃埔老大哥。

李友邦，一九〇六年四月十日生在台北蘆洲，祖籍福建同安，黃埔二期，抗日英雄。一九五二年四月二十一日，在「白色恐怖」中被槍決了，歷史總存在太多不解的習題，每個時代都有「岳飛被判死刑」。

黃埔「潮州分校」我很早聽說，從未知其是否真的存在？看了《黃埔》雜誌才知道原來是真的，而且有不少大人物！

李友邦與夫人嚴秀峰
圖片來源。（註三）

陳予歡這篇「潮州分校建校90周年」紀念文，應是重要歷史文獻。文中提到一九三五到一九四九年，第一、二期生中校以上的將校有69人，如方靖、陳鞠旅、竺鳴濤、謝輔三、蔣志英、戴之奇……。我想，若無《黃埔》爲我黃埔同學立言，會有多少黃埔同學的英烈事蹟，如煙塵般滅失去歷史洪流中……。

註　釋：

註一：《黃埔》雙月刊，北京，黃埔軍校同學會主辦，二〇一六年第2期（總第167期）。二〇一六年三月一日出版。

註二：黃埔老人事蹟和現況，均參閱本期第三—四八頁。

註三：劉建修，《一九五〇年代台灣白色恐怖檔案》（新竹：劉建修自印，二〇一四年二月十八日），頁六六。

第五章　粵籍黃埔師生憶抗戰與武漢分校湘籍女兵

壹、《黃埔》雙月刊總第168期文章標題（註一）

特別策劃

〈抗戰—粵籍黃埔師生的記憶〉。

時　政

吳亞明，〈二〇一六年二月—三月海峽兩岸大事記〉。

本刊記者，〈改革開放初期西藏工作在曲折發展中的探索（續）——訪中國藏學研究中心當研究所研究員王小彬〉。

人物

于　岳、盧慧蘭，〈閆端林老人的抗戰往事〉。

王曉蓓，〈行善爲樂心坦蕩　傲骨錚錚不老松——記百歲黃埔抗老兵居周宇寬〉。

金立武，〈我母親的故事〉。

鄭連管，〈妙手丹心——黃埔後代、長春岳氏萬全堂中醫院院長岳天生關愛黃埔老人的故事〉。

張銘玉，〈沒有工作照的歲月〉。

高雲貴，〈在黃埔先輩愛國精神感召下〉。

歷史

陳予歡，〈黃埔軍校武漢分校湘籍女兵事略——爲紀念中央軍事政治學校武漢分校創辦90周年撰文〉。

張席珍口述、李石整理，〈我在黃埔軍校學習、生活的經歷〉。

單補生，〈我珍藏的抗戰時期中央軍校特別訓練班同學錄〉。

賈曉明，《一九二五年十二月二十四日周恩來致電省港罷工委員會》。

邰　言，〈「立委」選戰跌破眼鏡　國民黨狂勝民進黨〉（下）。

文　化

曉　音，〈一代宗師賀惠邦〉。

貳、筆記、心得：粵籍黃埔師生的抗戰記憶

這個專欄由李忠誠策劃，陸東紅執行編輯，劉燕整體設計，廣東省黃埔軍校同學會和《黃埔》編輯部組稿。共刊出二十三個黃埔前輩，他們用一篇短文回憶參與抗戰經過，這些雖是個人在戰場上碰到的個別故事，確是國家民族大歷史的組成零件，重要正史的一部份。（註二）若無《黃埔》雜誌爲他們立言，留下珍貴史料、記憶文獻等，歷史經驗和教訓便隨生命結束而消失，這是非常可惜的事。想到這裡，爲台灣沒有一個像樣的黃埔雜誌，很感到遺憾！以下留記他們的大名、期別、文章篇名等。

趙　爽，〈憶在敵後戰場的日日夜夜〉。

楊應彬（黃埔17期），〈東戰場拾零〉。

何寶松（軍官班），〈挽救民族危亡反抗外敵入侵〉。

陳慶斌（黃埔7期），〈淞滬戰役及南京保衛戰的回憶〉。
何淳斌（黃埔15期），〈抗戰親歷記〉。
劉健人（黃埔12期），〈晉東南抗日作戰記〉。
張訪朋（黃埔16期），〈重陽店痛殲日寇戰車記〉。
葉三聘（黃埔17期），〈受降見聞〉。
溫　伉（黃埔14期），〈長沙大捷關鍵性的一仗〉。
曾竹清（黃埔17期），〈全殲敵騎兵小分隊〉。
周郁謀（學員總隊），〈隨羅卓英將軍參加上高會戰〉。
梁伯堅（黃埔18期），〈一次以詐擊敵的戰鬥〉。
曾會奇（黃埔11期），〈憶衡陽之戰〉。
余　立（明　興）（黃埔21期），〈參加抗戰受降記〉。
何李元（黃埔17期），〈同仇・殺敵・勝利〉。
盧建新（炳　榮）（黃埔16期），〈一點回憶〉。
陳昭權（黃埔17期），〈歸國抗日記〉。
唐有淦（黃埔17期），〈潮汕對敵作戰實錄〉。

張潤進（黃埔19期）〈潮汕抗日的兩次戰鬥〉。

鄺文渭（黃埔14期），〈沙溪茶亭伏擊日寇〉。

陳英波（黃埔17期），〈華僑學生回國抗戰記事〉。

丁有基（黃埔18期），〈遠征滇緬〉。

林裕琦（黃埔12期），〈松山戰役〉。

鄭信桓（黃埔17期），〈輾轉滇緬戰場，保護華僑撤退〉。

以上每一篇文章，可以都是「驚天地、泣鬼神」，是中華民族求生存最悲壯的史詩。例如鄭信桓這篇，寫到他們保護華僑撤退，在野人山裡走，沒日沒夜，沒吃沒喝，很多人死在半途上。戴安瀾師長知道自己不行了，交待副師長把大家帶回昆明……。他們抬著戴安瀾師長的遺體到昆明的一個縣時，一個六七十歲的老華僑，把自己的棺材拿出來安葬戴師長……。

讀到這裡，筆者眼淚已快掉下來，胸中一陣激動，喝了杯茶緩和情緒再寫。這是國家貧窮衰弱的結果，才引敵入侵，五百年來日本都在想方設法「消滅中國」，日本是中國的天敵。所以多年來，筆者著書立說，宣傳在本世紀中葉前，中國要先以迅雷不及掩耳消滅倭國，收服該列島設「中國扶桑省」。（註三）才是中華民族和整個亞洲永久安全之道，「大和民族」乃大不和邪惡民族，是全人類的禍害，應儘早滅之除之，使其亡族亡種！

參、筆記、心得：黃埔軍校武漢分校湘籍女兵事略

在一般印象裡，「黃埔」似乎是男人的戰場，專屬於中華有志男兒的表現舞台，從東征、北伐、抗日等史實來看，確是如此。黃埔在鳳山復校以後，也都只有招男生，女生讀陸軍官校是很晚的事，好像解嚴以後才有。

但在兩蔣時代都講「三軍黃埔同源」，三軍各類院校（有十多校）一起入伍生訓練，一起辦畢業典禮，強調三軍各院校都是「黃埔」一家。按此論述，政戰學校和國防醫學院很早就有女生，也算「廣義」的黃埔軍校。

早在一九二六年北伐時期，黃埔軍校有女生，這是含筆者在內，許多黃埔人不知道的事，這便是「黃埔軍校武漢分校女生隊」，陳予歡這篇文章報導了這段歷史，（註四）按該文所述，女生大隊實際報到一百八十三人，史料上可以找到姓名的一百五十四人，湘籍女兵（含別省湘籍）是六十一人。

再按現存史料，湘籍有姓名年齡籍貫生平可考，只有十八人，這是黃埔女兵珍貴的一頁。依陳子歡所述，簡要列出這些「黃埔女英雄」。

許聞道（一九〇三—一九二七）。長沙湖南第一女子師範學校肄業，一九二六年加入共黨，隨北伐軍任救護工作，後入黃埔武漢分校，結束後回武昌中山大學從事地下工年。一九二七年十二月十八日，在武漢犧牲。（這裡所謂「犧牲」，可能是被國民黨槍斃了，在那個年代，中國人殺中國人，說不完啊！兩岸中國人應警惕，不可再發生）。

邱繼文（一九〇六—一九二七）。湖南平江人，平江私立啓明女子師範學校肄業，結婚三日隨胡筠入黃埔武漢分校。後於一九二七年十二月，參加廣州起義，在作戰中犧牲。

陳兆森（一九〇三—一九二七）。湖南桃源人，考入湖南第一省立女師，一九二五年加入共黨，後入讀黃埔武漢分校。一九二七年五月任教常德育德女子學校，不久被捕犧牲。

陳塵清（一九〇八—？）。湖南郴州人，黃埔武漢分校畢業，一九四九年後定居湖南郴州總工會宿舍，二十世紀八十年代參加黃埔同學會活動。

周靜芷（一九〇九—一九八九）。湖南臨湘人，上海暨南大學附中畢業後入黃埔武漢分校，一九三一年和楊幸之結婚。（楊幸之最後官職是第六戰區司令部少將副主任，一九四〇年殉職）。她一九四九年到台灣，任國大代表，一九八九年三月六日，在台北因病逝世。

鄭咏華（一九〇五—？）。湖南岳陽人，黃埔武漢分校畢業，一九四九年後定居岳陽上觀音閣，二十世紀八十年代後，參加黃埔同學會活動。

胡　筠（一八九八—一九三四）。湖南平江人，她也是了不起的女英雄，爲中共建立不少汗馬功勞，說之不盡，彭德懷曾讚「難得的女將」。可惜一九三四年被中共以「AB團分子」而錯殺，就像國民黨錯殺李友邦，真是時代的悲劇，中國人的災難，她一九四五年被平反，一九五二年追認爲革命烈士。

唐惟淑（一八九七—一九八〇）。湖南瀏陽人，唐才常之弟唐才中之女，黃埔創校初期政治教官陳啓修夫人。其伯父唐才常是清末維新派領袖，一九二五年她入讀蘇聯莫斯科大學，一九二六年十月隨陳啓修到武漢，任武漢分校女生隊指導員。在「文革」時她受到迫害，一九八〇年九月三日病逝。

陶桓馥（一九〇一—一九九七）。湖南岳陽人，她應是那個大時代革命洪流中，最幸運的女生，各種很大官職都當過，沒有受過迫害，莫斯科大學、延安黨校、延安女子大學都讀了，又很長壽，這是「天命」。

顧曼俠（一九〇八—一九八九）。又名曼霞，湖南醴陵人，黃埔武漢分校六期，一九四九年後定居醴陵，廿世紀八十年代後參加黃埔同學會活動。

黃靜汶（一九一一—二〇一六）。原名自純，湖南湘陰人，一九二五年加入共青團，一九二七年入黃埔武漢分校，她在中共黨內官運極佳，擔任很多婦女會工作，活了一百多歲，二〇一六年三月十二日病逝北京。

彭援華（一九〇五—一九九四）。又名彭文，湖南岳陽人，北京女子師大肄業，一九二六年加入共黨，一九二七年入黃埔武漢分校六期，最後當到共和國的教育部司長、上海市政協委員等，著有《革命熔爐》。一九九四年十一月十四日，病逝上海華東醫院。

彭鏡秋（一九〇〇—一九八四）。原名曾璞，湖南宜章人，一九二七年入黃埔武漢分校，長期從事中共地下工作，一九三八年到延安，她最後當到黑龍江省民政廳副廳長，第三、四、五屆全國政協委員，著有《當女兵的前前後後》等。

曾憲植（一九〇九—一九八九）。湖南雙峰人，長沙女子師範校畢業，一九二七年考入黃埔武漢分校六期，一九一八年加入共產黨，此後在中共內發展順利。最後當了多屆政協委員，著有《關於女生隊的回憶》。一九八九年十月十一日，病逝在廣州。

謝冰瑩（一九〇六—二〇〇〇）。湖南新化人，大名頂頂的作家，我這年齡層的人都讀過她的作品，《女兵自傳》最有名。其他如《空谷幽蘭》、《紅豆》等近四百部作品。公元二千年元月五日，病逝在美國。

廖德璋（一九〇六—一九二八）。武漢湖北女子師範學校肄業，考入黃埔武漢分校，後隨軍參加廣州起義和海陸豐武裝鬥爭，一九二八年因飢餓勞累病逝。

譚珊英（一九〇九—一九九二）。湖南茶陵人，武漢分校畢業後，隨女生隊參加西征，後從事黨的地下工作。一九三四年與夫陳柏生到蘇聯學習，一九四九年後在茶陵任教，一九九二年二月二日病逝。

黎樹蓉（一九〇四—一九二七）。就讀湖南第一女子師範學校畢業，考入黃埔武漢分校，一九二七年十二月，從廈門到江西的蘇區路上，忽患虐疾病逝。

另有王容箴、劉若華、劉曼君、孫贊、吳妙章、楊肇琴、鄭詠華、易國華、錢訓英、舒紹猷、黃子固、唐馥春、曾希平、謝翰藻、顏珍等。質料欠缺，只能亮出她們的大名。

武漢分校籌備於一九二六年十月，校（班）名稱多次更易，初爲「政治訓練班籌備處」，再改「政治科大隊」，又改「中央軍事政治學校」，爲黃埔軍校首次招收女生，一九二七年十二月十二日，黃埔軍校武漢分校開學典禮，男女學生六千多人，規模之大不亞於黃埔本校。

小結

每個時代似乎都有無數悲劇，如今之歐洲難民、伊拉克、敘利亞等戰火。國共鬥爭近百年，像胡筠、李友邦等，被自己的陣營錯殺，死後又被「平反」，不知有多少人？時代潮流如大海浪，個人碰上了在浪裡浮沉，完全無力可回天。謝雪紅的例子也很典型，她發動「二二八」被認爲大功一件，但「文革」被批到差點死掉，死後被葬在「一般公墓」，後又被「平反」，骨灰移葬「元勳公墓」，正式成爲「民族英雄」。（註五）

另有更離奇的事，數十年至今都難以解決。如我期（陸官44期）同學林毅夫（目前在北京大學當教授），現在仍「不准」回台探親，《黃埔》記者可去探訪一下！

註釋：

註一：《黃埔》雙月刊總第168期（二〇一六年第三期），北京，黃埔軍校同學會，二〇一六年五月一日出版。

註二：〈抗戰—粵籍黃埔師生的記憶〉，同註一，頁二—三八。

註三：陳福成，《日本問題的終極處理──廿一世紀中國人的天命與扶桑省建設要綱》（台北：文史哲出做社，二〇一三年七月）。

註四：同註一，頁七一──七六。

註五：陳福成，《奴婢妾匪到革命家之路──復興廣播電台謝雪紅訪講錄》。台北：文史哲出版社，二〇一四年二月）。這是一本有關謝雪紅的三十萬字大書。

第六章　紀念北伐戰爭 90 周年與其他

壹、《黃埔》雙月刊第 169 期文章標題（註一）

特別策劃：紀念北伐戰爭 90 周年

陳　宇，〈北伐戰爭概述〉。

〈黃埔軍校最早發表的「北伐戰史」〉。

〈古來征戰幾人回—憶北伐〉。

黃忠漢，〈北伐中的黃埔軍人〉。

〈黃埔同學悼北伐烈士詩詞〉。

時政

李文藝，〈選後台灣政局及兩岸關係走勢分析〉。
吳亞明，〈二〇一六年四—五月海峽兩岸大事記〉。
本刊記者，〈同心同德一戎衣—紀錄片《鐵血丹心—抗日英烈盧廣偉》〉（研討會側記）。
本刊記者，〈二十世紀八十年代西藏拉薩騷亂原因探究與反思—訪中國藏學研究中心當代研究所研究員王小彬〉。

人物

陳予歡，〈胡伯翰與黃埔軍校〉。
姚同發，〈趙國材：用國際法保衛疆土〉。
郭士健、李大慶，〈將家國刻進名字的黃埔軍人—記黃埔軍校15期生李家華〉。
焦澍崢，〈黃河邊的祭奠〉。
陳繼榮（黃埔二代），〈屯墾戍邊人—記新疆生產建設兵團百歲黃埔老人汪濂〉。
林園丁，〈追憶外祖父吳忠亞〉。
譚安利，〈深切懷念黃埔女兵黃靜汶〉。

歷史

高　林，〈中央陸軍軍官學校第四分校抗戰期間在黔辦學二三事〉。
張　媛，〈棉湖戰役〉。
黃文範（台灣），〈抗戰期間砲科生訓練紀要〉。
單補生，〈我珍藏的中央軍校第四分校射擊比賽徽章〉。
賈曉明，〈一九一二五年十二月二十九日孫文主義學會在廣東大學舉行成立典禮〉。
郃　言，〈「馬旋風」席捲南北　國民黨重新上台（上）〉。

文化

岳　南，〈我所知道的畫家榮宏君〉。

貳、關於北伐戰爭

說起東征、北伐、抗日史事，又讓我無限感傷，在我青年到中年時代（兩蔣時期），這些偉大的歷史，可以用「全民功課」來形容。那時，所有的報章雜誌、廣播、電視，年頭到年尾，各級學校，軍公教部隊等，碰到機會（如抗日勝利、黃埔校慶等），都在講述這些往日的輝煌大業。那時，談東征北伐抗日事的「話語權」和「合法性」在台灣。

從大漢奸李登輝開始，經二十多年「去中國化」教育，新一代年輕人對中國史幾近無知，所有和中國相關的節日慶典都被刻意忽略。這種情形國民黨也要負責任，國民黨不敢談統一，不敢對人民說「我們都是中國人」，當失去執政大權，沒有資源可用，國民黨談北伐等事，已顯有氣無力，觀眾聽眾都流失，只剩零星幾個老人家守著黃昏舞台，說來也是可悲！

凡事都有兩極，一方之可悲，便是另一方之可喜。因爲中國歷史的「磁石效應」發生了，邊陲失勢，中原興起，半個多世紀外流的人才資源又回流。有關東征北伐抗戰的話語權、論述權，當然就由中國重新掌控，這也是中國崛起的象徵意義，更重要的是邊陲政權（台灣）也喪失了存在的合法性。

北伐的原因過程都不再重述，台灣方面，知者恒知，不知者恒不知；大陸方對中國現代史研究會越來越熱門，這是好現象。俗話有言「欲亡其國者，必先亡其史」，只要人民不忘國史，國家人民都是有前景的。有幾首關於北伐的詩詞，朱福田〈爲同鄉羅群烈士于去年濟南死義後一哭〉、鍾其雄〈悼北伐陣亡烈士〉、王朝治〈寫在北伐陣亡將士之前〉、解平〈悼北伐陣亡烈士〉。賞讀解平的作品。（註二）

烈士呀！烈士；
你們殺得軍閥落花流水，
你們殺得張賊魂亡；
不但消滅了百萬之軍，
還驚得日帝國主義心慌。

烈士呀！烈士；
你們的志願要自由，
你們的心理愛和平；
但人世間的革命未成功，
竟追隨總理去革閻羅。

烈士呀！烈士；
你們為的愛民心切，
你們為的愛國情深，

成仁取義的榮標，
竟被你們　先奪去了！

烈士啊！烈士！
你們的屍橫遍野，
你們的血流成河；
你們的白骨，建築國防，
後死者——
將鐵血慰英魂！

（摘自一九二八年中央陸軍軍官學校追悼北伐陣亡將士特刊《黃埔血史》）

現代詩（新詩）是「五四」以後，才誕生的一種「西方詩體」，到北伐時代，現代詩基本上還處於「嬰兒期」，這首詩形式整齊，內涵也很能感動人心。第二段的「閻羅」應指軍閥，整體而言很能彰顯我黃埔前輩的忠貞和英勇，爲國家民族而壯烈犧牲，成仁取義的精神可謂「驚天地、泣鬼神」，人神天地同悲！

參、筆記、心得：黃埔人物

△陳予歡的文章詳述胡伯翰這個人，黃埔有這位元老，還是在台灣，我從未聽說，台灣還出版了《陸軍中將胡伯翰先生紀念集》。他最後的文職是一九五四年當選國大代表，軍階中將，他在黃埔的輩份很高，略說他的來歷，大有來頭。

胡伯翰（一九〇〇—一九七三），直隸鹽山（新海縣）人。一九一八年考入「保定陸軍軍官學校」第八期步科，後加入國民革命軍陣營，中原大戰後他擔任黃埔武漢分校第七期學員總隊長，之後當了不少軍職，一九三七年五月升少將，抗戰立了不少功勞，一九四八年當選國大代表，後隨政府到台灣，一九七三年元月三日病逝台北。

△焦澍峥這篇〈黃河邊的祭奠〉，是兒子寫父親，這種「家傳」的影響力，筆者以爲比政府宣傳效果更佳更有效。由自己的父祖先人親身經歷，讓後世子孫都記住日本是我中華民族之「天敵」，應早滅之，以策安全。該文起首就有驚天地的感動力：

二〇一五年十月二十三日上午

山西省黃河禹門口抗日烈士紀念碑前

站看一位白髮蒼蒼
身體佝僂的老人
他的臉上布滿了歲月的滄桑
仍透出一股軍人的英氣
他神情肅穆，遙望婉蜒的黃河
他向紀念碑深深地三鞠躬
把珍藏多年的五糧液酒
慢慢灑向碑前的黃土地
口中喃喃地唸道
唉，七十多年了，戰友們
今天我來看你們了
請你們嚐嚐美酒吧！

——這位老人便是我父親焦玉庭（黃埔17期）

焦玉庭在黃河禹門口祭奠在抗戰中犧牲的戰友。

感傷啊！「山西黃河禹門口」這地方，幾年前我相約多位好友，二次來山西芮城訪友，兩次都到禹門口參訪並親近黃河水，回台灣分別寫了兩本書，記錄亦記念參訪心得。（註三）日寇打到黃河禹門口，焦玉庭老大哥當時是預備第一師一團五連二排排長，日寇的飛機大砲對我軍造成重大傷害，該師二團夏堯郇部全軍覆沒……。

小日本鬼子從五百年前，訂下「消滅中國」的歷史政策，給五百年來的中國和亞洲人民，帶來幾億人民的死傷。只要中國不亡，只要中華民族在，日本鬼子遲早又要發動「滅華之戰」，現在正積極準備中，筆者才著書立說，中國人一定要先消滅日本這種邪惡物種，這是中國人的天命，中華民族不完成個天命，民族危機永遠存在，且危機日重！

△陳繼榮（黃埔二代），這篇寫一個在新疆屯墾戍邊的百歲黃埔老人汪濂。十六歲從江西贛州幼幼中學畢業，爲抗日救國加八十九路軍第61師，至今八十五年了，一直在新疆戍邊，沒有回過故鄉。

汪　濂，一九一六年元月二十七日生，江西省興國縣龍頭灣村人。從軍後轉戰各地，一九四一年黃埔七分校軍官總隊十期畢業，到一九四八年六月調任新疆省二二七旅六八〇團當團長，駐防瑪納斯河一線，保衛瑪納斯河大橋。一九四九年九月二十五日，他隨陶峙岳將軍率部起義。

一九六六年五月，他調任農三師44團團長，此後一直都在新疆成家立業，現四代同堂生活。二〇一五年九月，他獲頒「中國人民抗日戰爭勝利70周年紀念章」，高興之餘，老人家仍盼望著國家早日統一。

△林園丁的〈追憶外祖父吳忠亞〉一文，吳忠亞（一九〇八—一九九一）（依據《黃埔軍校將帥錄》）。作者對外祖父基本資料有所更正，謂當時爲考軍校五期，把自已報老兩年，一九一〇年出生才對，二〇〇四年逝世。吳忠亞也算「革命世家」，不少史料可以查閱，故本文不重述他的一生事蹟。

作者林園丁看似和我有些關係，他是黃埔協進會會長、「統促會」理事，我隨台灣「全統會」拜訪過。文中提到他到台灣見過陶滌亞將軍，陶將軍是「全統會」第二任會長、洪門五聖山山主。

△郭士健、李大慶這篇寫李家華也是驚心動魄，一千三百多名青年坐火車要趕到黃埔七分校（西安令校），被日寇飛機掃射，剩七百人成爲黃埔一員。這情境多麼可歌可頌！記得德國哲學家康德說過，「一個民族不敢一戰，終究不能偷生。」看當年國家面臨存亡關頭，青年個個勇於奔赴戰場，我們國史會記著他們，成爲炎黃子孫世世代代的典範，是我中華民族復興、實現「中國夢」的保證。我也漸漸看到馬雲說的，「全球化就是中國化」，兩岸中國人快完成統一吧！

李家華，一九一九年十月二十三日生，江蘇揚州人，黃埔七分校（即西安分校）十五期砲科。抗戰後期，李家華任遠征軍青年訓練營中隊長，在江西上饒培訓要開赴印緬的華東青年學生，培訓二千多名學生軍。一九四九年後成爲一名教師，一九七九年在造紙廠退休，目前和兒孫一起生活。

小結——關於北伐的一些黃埔師生圖照

本期另一個歷史單元，如黃埔研究、軍校生話、黃埔收藏、黃埔日曆等，都是珍貴的黃埔歷史，在台灣不光是新一代黃埔人不知道，整個大環境都在「台獨僞政權」掌控下，用「冷水煮青蛙」方式，進行「去黃埔化」。說來真是很悲哀的事！

隨著大環境的「去中國化」、「去黃埔化」，那些什麼東征、北伐、抗日等事，當然就必須「去之而後快」。所謂，「亡人國先亡其史」，李登輝和蔡英文這些大漢奸真是無所不用其極！非要把台灣人腦中的「中國東西」，全部清洗掉。

北伐的一些黃埔師生圖照，在台灣越來越難以看到。轉印本期幾張，給台灣的黃埔人看看，喚醒一些回憶！

郭俊，湖北安陸人。黃埔軍校教官。湯（溪）蘭（溪）戰鬪中壯烈犧牲。

黃埔軍校第1期學生文志文，時任第2師團長，在攻打南昌戰鬥中犧牲。

黃埔第1期學生隊隊長茅廷楨。在北伐中犧牲。

黃埔第1期畢業生洪劍雄，北伐軍師政治部主任，在北伐中犧牲。

趙子俊，湖北武昌人，黃埔軍校第1期學生，時任第2師第6團第6連連長，在南昌牛行車站戰鬥中犧牲。

趙枏，湖南衡山人，黃埔軍校第1期學生，由毛澤東介紹加入中國共產黨，並由，毛澤東介紹投考黃埔軍校。1926年在南昌之役中犧牲。

葉挺獨立團第2營營長、黃埔軍校第1期學生許繼慎，在賀勝橋戰鬥中犧牲。

謝翰周，湖南寶慶人，黃埔軍校第1期學生，時任浙江警備第1師第1團第3營營長。龍潭之役中，謝翰周所部負責守衛龍潭、棲霞一帶血戰了七晝夜，在最後一次衝鋒中身中數彈犧牲。

羅群，江西萬安人，黃埔軍校第1期學生，時任中央教導師第2團第3營營長，在龍潭之役中犧牲。

武漢分校檢閱場上的軍校學生。

葉挺獨立團作為北伐先鋒先期入湘作戰，歷經湘南、醴陵、汀泗橋、賀勝橋和武昌攻城諸役，為所在的國民革命軍第 4 軍贏得「鐵軍」稱號。圖為武漢粵僑聯歡社贈給第4軍的「鐵軍」牌。

北伐軍入北京城。

1927 年 5 月下旬，武漢政府北伐各軍連克漯河、郾城、臨穎、許昌、新鄭。馮玉祥部也在攻克洛陽後兵分兩路向新鄉和鄭州進擊。奉軍被迫放棄開封、鄭州。圖為開赴開封的北伐軍途中渡過浮橋的情形。

1927 年 6 月 1 日，北伐軍攻克鄭州，與馮玉祥部勝利會師。至此，武漢政府第二期北伐的戰略任務基本完成，對緩解武漢危急起了一定的作用。圖為北伐軍進入鄭州的情形。

北伐得到了廣大民眾的廣泛支持。1926 年 7 月 25 日，廣東各界民眾在中山大學舉行歡送國民革命軍出師北伐大會。圖為參會人員合影。眾的廣泛支持。1926 年 7 月 25 日，廣東各界民眾在中山大學舉行歡送國民革命軍出師北伐大會。圖為參會人員合影。

1926 年 7 月 27 日，北伐軍從廣州出發北上。圖為蔣介石和蘇聯顧問加倫等在黃沙車站乘車北上前合影。

註　釋：

註一：黃埔軍校同學會，《黃埔》雙月刊第169期（北京，《黃埔》雜誌社，二〇一六年七月一日）。

註二：解　平，〈悼北伐陣亡烈士〉，同註一，頁二二。「解平」可能是「北伐時代」的作者。

註三：拙著兩本記錄山西芮城參訪，並到黃河岸「禹門口」的兩本書是：《在「鳳梅人」小橋上——中國山西芮城三人行》（二〇一一年）；《金秋六人行——鄭州山西之旅》（二〇一二年）。兩本都由台北文史哲出版社出版。

第七章　紀念孫中山誕辰150周年

壹、《黃埔》總第171期文章標題（註一）

特別策劃（紀念孫中山誕辰150周年）

〈中山陵上樹長青　民族光輝炳若星〉。

汪朝光，〈孫中山與黃埔軍校〉。

葛培林、邵寶明，〈孫中山思想與北伐戰爭〉。

林家有，〈黃埔軍校愛國革命精神之構建〉。

袁恒楊，〈探析孫中山的國家統一思想〉。

陳予歡，〈孫中山北伐督師韶關與黃埔軍校第一期生護衛隊〉。
衛　智，〈衛立煌將軍與中山先生二三事〉。

時政

吳亞明，〈二〇一六年八—九月海峽兩岸大事記〉。

人物

張金春、孫福軍，〈北國之強張隱韜〉。
黃志毅，〈明月幾時有　皓空彩雲間〉。
周　游，〈一蓑煙雨任平生—記百歲黃埔老人胡狄〉。
趙　妍，〈曾經軍人，永遠軍人—與我的爺爺黃埔軍校16期畢業生趙志恕面對面〉。
周小祁，〈我的父親周保黎〉。

歷史

寸麗香，〈黃埔前飃—民國陸軍四校同學會〉（上）。
單補生，〈我珍藏的中央各軍校通訊處證章〉。
賈曉明，〈一九二六年元月十三日戴李陶被「禁止三年不得作文字」〉。
郜　言，〈「馬旋風」席卷南北　國民黨重新上台〉（下）。

文化

李忠誠，〈用藝術感動中國和世界的書法家賀惠邦〉。

貳、筆記、心得：關於紀念孫中山誕辰 150 周年言外真言

紀念孫中山先生誕辰，在兩蔣時代是台灣地區的「全民活動」，這期《黃埔》月刊所有關於中山先生的文章，讀來我是多麼眼熟，因爲我正是，「政戰政治研究所三民主義研究組」研究生。《國父全集》幾十大本，撤底一字不掉讀完，並寫下重點筆記，可以如是說，中心思想是我政治思想的啓蒙。

曾幾何時！近二十多年來，台獨份子掌控政權，搞「去蔣化」，當然也同時進行「去孫中山化」。這和台獨是「環環相扣」的，基本上在「去中國化」和「去中華民國化」的大屋頂下，一步步操弄，國民黨和統派已無力對抗台獨勢力。能嚇阻台獨勢力，只剩中國人民解放軍和中國各方面影響力，這是大家心知肚明的事。所以，台灣地區已經無人理會孫中山了，但台灣不要孫中山，大陸知道孫中山是「中國寶貴的資產」。因此，如同北伐、抗日等話語權、詮釋權一樣，關於孫中山的話語權和詮釋權，已完全的「回歸」中國，《黃埔》雜誌自然是要擴大紀念中山先生的每年誕辰。

但紀念孫中山有一個「終極問題」，台灣島內各陣營和大陸地區各「窗口」，都不敢公開說、公開碰觸，就是「中華民國」還要不要？或如何處理！而各陣營也都默默的、秘密的、溫水煮青蛙式的乃至偷偷的，或瞞天過海的幹。各陣營對「中華民國」態度都不同。

第一是國民黨（泛藍統派在內），主張的一中「各表」，堅持守住中華民國，這是無路可走的唯一出路。但這種主張等於製造中國永久分裂，這是基本常識，不須要多解釋。孫中山是國民黨的創建者，也是中華民國的創造者，國民黨必須守住中華民國，合情合理合法，但不合時勢，違反中國統一的大潮流。

第二是台灣獨派各陣營和現在蔡妖女執政集團，牠們是中國歷史的邪魔歪道，是中華民族的敗家子女，是炎黃子孫的背判者，牠們當然就是終結中華民國。所有的活動中，所有關於「中國」和「中華民國」的符號，全部撤底清除掉，這就得由一批「黃埔人」去執行。

第三、目前台灣的「偽國防部」以下，三軍各總部和部隊，各級軍官幾乎都仍是「黃埔人」。這些在職的黃埔人已經沒有「黃埔精神」，不管黃埔宗旨是追求國家統一。他們只當成一種工作，升官發財掌握權力，配合「台獨偽政權」執行台獨政策，當漢奸走狗都無所謂，每月有錢拿就好。今年（二〇一八）軍事院校畢業典禮，蔡妖女前往主持，會場全銜只有「一〇七年軍事院校畢業典禮」字樣，「中華民國」都不要了。這明顯是「僞國防部長」嚴德發（黃埔44期），配合台獨陣營搞「去中華民國化」，成千上萬黃埔人視而不見，默默配合。台灣的黃埔人還是「黃埔」嗎？誰來喚醒他們的黃埔精神？

第四是已經退職的黃埔人（含筆者），絕大多數是退伍軍人，雖仍高喊黃埔精神，批判台獨，甚至我期（44期）理監事會通過譴責僞「國防部長嚴德發同學」案，許多同學罵他無恥，數典忘祖，台獨走狗。但有何用？他當他的官，享受位高權重的滋味。而我們這些退伍的黃埔人，革命無力，造反不敢，犧牲誰願？只有一個繆德生（黃埔48期），也不能形成「革命浪潮」！還是得靠中華民國過日子！

第五就是大陸了，國際上當然只有一個中國，中華民國「已經不存在了」，這是從國際外交講。但明明中華民國就在台灣，統派和獨派都靠中華民國混飯吃、過日子、撈好處。所以，對大陸而言，「中華民國」仍是個大問題，若讓其始終存在著，便是中國的永久分裂，統一遙遙無期，「中國夢」永遠不算實現。又所以，「中華民國」是絕不可存在的，和平「終結」不可能，只有武統，或準武統可以解決，而且是永久解決！

第六是筆者的態度，按我對中國歷史的認識，中華民國已成爲鄭成功死後的「東寧王國」，是一個地方割劇政權，已失存在的合法性。依中國歷史發展法則，任何政權的存在，「中國屬性」合乎中國文化內涵，才是存在的合法性基礎。現在的台灣不論叫什麼！都是非法存在的地方割劇政權，王師（中國人民解放軍）隨時可以來征討，完成統一才是全體中國人的願望，統一才合於民族利益，這在孫中山的演講說了多次，他的著作白紙黑字寫了！

反之，若中國始終沒有統一，美帝勢力就始終在台灣搞台獨，永久分裂中國是美國和西方强權的最大利益，亦是東洋日本鬼子的最大利益。這樣一來，對全體中國人乃至中華民族會有無窮禍害，其禍恐延二百年以上。是故，中國統一是有急迫性的，未來在習近平領導下，十年左右，兩岸必完成統一，這才是「紀念孫中山誕160周年」的最好獻禮。

所以我要說的一句話，是統派不敢說、不願說、不能說的一句話，「讓中華民國壽終正寢吧！」統一是台灣唯一出路，統一是唯一救台灣人的辦法，統一讓台灣人走出國門有尊嚴有自信，統一讓台灣「變大」；「我是台灣人也是中國人，中國是我的」，我「自大」了起來！

台獨使台灣人悲情，使台灣「變小」，讓台灣人的困境越來越多，最後走入「死路」。

只承認自己是台灣人，小島心胸日愈嚴重，眼光短淺，沒有歷史觀，沒有文化（不認同五千年文化），想當日本人或美國人，人家並不認同，你是一個「孤兒」，這種人，可憐！可悲！可嘆！但活該！自造因，自收的果！

參、筆記、心得：對幾篇文章的看法

△**汪朝光**〈孫中山黃埔畢救〉一文，提到孫中山創辦黃埔軍校取得三種成積，㈠民族主義教育成功，如很少有將領投降倭軍的；㈡通過黃埔師生把當時散沙般的中國團結起來，黃埔軍校的意義不再是一所學校，已遠超越了黃埔；㈢黃埔精神體現一種奮鬥精神、團結合作精神、國共合作的精神。這些對近現代中國的發展，乃至未來都有重要意義。

中國能全民抗日，主要是民族主義回來了，這黃埔師生當然有功，蔣介石亦有功。但中國的「民族主義」何時「滅亡」？又何時活過來了？按中山先生講〈民族主義〉，滿清前三朝（順治、康熙、雍正）爲統治之便，惟行「世界主義」，消滅了漢人的民族主義。

《三民主義》中的〈民族主義〉，就是爲恢復中國民族主義而寫。但筆者以爲，我們民族主義全面被「喚醒」，是因有「外力」強棒打醒的，那便是日本鬼子的入侵，這道理很類似牛頓定律中的「反作用力」。

該文提黃埔軍校注入主義的力量。衆所皆知，美帝西點軍校只有三大信念，「國家、責任、榮譽」；而我黃埔軍校有五大信念，「主義、領袖、國家、責任、榮譽」。主要差別（用意），美帝沒有「國家認同」問題，不須要主義和領袖，而中國有嚴重的國家認同問題，須要主義和領袖的引導，這是階段性須要。

△**袁恒楊**〈探析孫中山的國家統一思想〉一文，把孫中山一生爲革命大業，用「國家統一」概括，正好抓住中山思想的核心價值。孫中山之所以偉大，是他畢生反對國家分裂，熱誠追求國家統一，這是筆者成爲中山信徒的原因，六大統一要綱，吾等後輩要好好宣揚：

㈠國家統一是中華民族振興的必要前提。

㈡國家統一是中國歷史發展的主流和民族傳統。

㈢國家統一必須維護主權和領土完整。

㈣國家統一力求和平方式但不放棄使用武力。

㈤國家統一要依靠廣大人民群衆。

㈥國家統一要掃除封建軍閥和帝國主義勢力兩大障礙。

第㈣項使用武力的問題，其實古今中外所有國家統一幾乎都要武力，美國南北戰爭、越南統一和我國歷代分裂走向統一的過程，武力是必要條件，只看如何用?用到什麼程度!

第㈥項掃除封建軍閥和帝國主義兩大障礙。別以爲「現在」沒有了，台灣的「國軍部隊」如果成爲台獨幫兇，就是典型的「封建軍閥」，王師（解放軍）有來征討的合法性；而台獨之所以有持無恐，乃是美日帝國勢力在暗中支持，所以西方帝國主義至今仍控制台灣，企圖製造中國永久分裂，這是很清楚明白的事。

△**陳予歡**〈孫中山北伐督師韶關與黃埔軍校第一期生護衛隊〉一文。一九二四年九月間，孫中山到韶關督師北伐，黃埔軍校一期第一隊生擔任護衛隊，歷史上只知幾個名人，本文有完整名單，深值留存。按《國父年譜》下冊記載，蔣中正派軍校教官文素松率第一隊學生），擔任護衛，第一隊有一百三十五位學員：唐嗣桐、何昐、楊其綱、董釗、林芝雲、王國相、黃承謨、黃彰英、謝維幹、王治岐、張鎮國、徐石麟、劉鑄軍、竺東初、印貞中、李安定、譚輔烈、趙勃然、李伯顏、李經白、劉仲言、賀衷寒、韋祖興、魏炳文、林大埧、傅維鈺、王公亮、胡信、馮毅、用秉璀、胡仕勛、陳謙貞、王泰

吉、梁漢明、鄔與點、姚光鼐、李園、陳選普、陸汝疇、劉疇西、游步仁、劉慕德、李武、郝瑞徵、唐同德、白龍亭、徐會之、容海襟、王逸常、徐象謙（向前）、張坤生、周天健、蔡粵、蔣先雲、甘達朝、石祖德、項傳遠、陳文寶、李子玉、范振亞、何復初、鄧春華、穆鼎丞、伍翔、蕭洪、張其雄、鍾彬、林斧荊、朱一鵬、鄭漢生、陳皓、田毅安、龍慕韓、帥倫、古謙、伍文生、鄧文儀、劉長民、譚鹿鳴、羅煥榮、睦京熙、王國琢、江霽、廖子明、潘學吟、曾擴情、康李元、廖偉、蔡敦仁、尙士英、劉蕉元、顧濬、周品三、唐星、陳琪、周惠元、蔡森、周振張、羅群、楊挺斌、李培發、楊步飛、趙榮忠、陳公憲、李繩武、沈利廷、吳興泗、郭劍鳴、劉釗、劉希程、郭遠勤、宋希濂、戴文、陳卓才、謝幹周、陳平裘、張居嵩、郭冠英、宋雄夫、余程萬、毛煥斌、蔣孝先、羅奇、馮劍飛、顏逍鵬、譚作校、丘宗武、陳國治、陸汝群、陳德法、李洁、李冕南、鄧毓玫、夏明瑞、程汝繼。

肆、筆記、心得：這種傳奇故事我以前怎麼不知道？

黃志毅這篇〈明月幾時有　皓空彩雲間〉，真是敬佩丁志凡老太太，當可能的災難臨頭，所有人全跑了，她有條件有能力走，她不走，選擇留下，爲等待她的男人。（註二）這須要智慧和愛，很堅定很深的愛，她的愛感動老天，她的男人（陳頤鼎，黃埔三期、抗日名將、接收台灣），最後終於回到她身邊，完成他們的愛情「天命」，生兒育女（三女一男）。這是人間佳話之典範了！

最傳奇、最不思議的，是一家庭的兩代人竟有十一個黃埔人，媽媽和兒子一起考入軍校，一同抗日救國，不僅是傳奇，更是神奇。可比美我國「楊家將」歷史故事，周小祁這篇寫的是「周家將」。

周小祁〈我的父親周保黎〉一文，湖南祁東縣萬福嶺鄉元木冲村的周姓人家，親友譽爲「黃埔人家」，兩代人有十一個考入黃埔軍校，兩個將軍，九名校官，其中一對母子同入黃埔。以下按他們的《家譜》簡記。（註三）

太爺爺周樹棠。生於清道光十七年，享年48歲，是同治年間國子監太學生，制訂「家訓十條、家規八戒」，寫入家族《家譜》中。

爺爺周忠丙。學名周鹿卿（一八六九—一九四七），曾任職湖北督軍署軍法處長，配偶鄒氏，育有七男一女。八個兒女中有六人入黃埔軍校。

大兒周鍔生。生光緒十四年，曾任湖南高等法院法官。

二兒周倜生。生於一八九四年，曾任職縣的區長。

三兒周洛生。生於一八九八年，黃埔軍校洛陽分校畢業，幹到上校團長，一九四八年在重慶被國軍內部以共黨嫌疑嗜殺。

女兒周咏南。生於一九〇〇年，黃埔軍校16期。

四兒周熙生。生於一九〇二年，黃埔軍校畢業，歷任京滬鐵路巡官等職，因肺病早逝。

五兒周紀綱。生於一九〇四年，黃埔軍校五期，國軍少將。一九四九年任職湘游縱隊副司令，後在湖南起義。

六兒周保黎（該文作者周小祁父親），生於一九〇六年，黃埔軍校六期，國軍少將。

七兒周伯愷，生於一九〇八年，黃埔軍校八期，國軍湘游擊縱隊上校團長，後隨上級軍隊在湖南起義。

受到家庭影響，孫輩也紛紛投考黃埔軍校，從軍報國，救國家民族於危亡，真是中國五千年革命史所未有。亦簡記如下。

周克銘。生於一九一四年，黃埔軍校12期。

周鐵銘。生於一九二二年，黃埔軍校16期。

周繼武。生於一九一九年，黃埔軍校15期。

周繩武。生於一九二四年，黃埔革校18期。

周偉武。生於一九二六年，柏游縱隊上尉連長。

黃　天。生於一九二〇年，黃埔軍校16期。

前面十一位黃埔人，周咏南和黃天是母子，同時考入黃埔十六期。周咏南（一九〇〇—一九六六），衡陽含章女中畢業，十九歲嫁給祁陽縣的黃橘家，他們是父母指腹爲婚的親事。周咏南二十歲生兒子黃天，小兒子才九個月，丈夫去世。一九三七年黃天畢業於南京三民高中，適逢七七事變，民族危難，母子決心一同從軍抗日。一九三八年母子一起報考黃埔軍校，招生處負責人對周咏南說：「你三十九歲已超齡，不能報考。」周咏南的一段熱血「講演」感動報考官，同意錄取母子爲黃埔軍校十六期。

一九四〇年元月母子同時畢業，筆者老校長蔣公親自以「蓉廳愛字第二五六號嘉獎令」表揚，令曰：「母子從軍同學，共赴國難，夙世楷模，殊堪嘉獎。」當時有《救國時報》，也大大報導，成爲全民抗日的典範。

這對母子在抗日戰場上（常德會戰、青年軍），都有「驚天地、泣鬼神」的表現，實在是我黃埔精神極致也。尤其一九四三年冬，常德會戰前，這位媽媽給兒子黃天寫了一封信說：「吾兒悉知，常德戰事，一觸即發，爾我母子，既以身許國，勿以安危系念，母如馬革裹屍，志所願也，希繼承吾報國之志，激勵士卒奮勇殺敵，是所願也。」

感動啊！「周家將」的故事可比歷史上的「楊家將」，「周咏南典型」比岳飛的媽更偉大，岳飛的媽送兒子上戰場，周咏南是帶著兒子一起上戰場。筆者確認，這是中國五千年史中極寶貝的故事，應寫入教科書、拍成電影電視，可以激勵中華民族每一代的子民。

周小祁這篇文章主要寫他父親周保黎（一九〇六——一九五二），黃埔六期。從抗日到國共內戰，他也幹過不少大事業，但一九四九年事，相信很多「起義」者都沒得選擇，一整個大部隊，一整個戰區都「起義」了，大家也只好隨之起義。

這期《黃埔》雜誌刊出不少有關孫中山圖片，幾乎每一張在台灣都曾廣泛傳佈。我在鳳山軍校的中正圖書館和校史館都看過，近二十多年台灣因「去蔣化」，這些圖片都已不在公開媒體出現，特選幾張參閱如後。

1912 年 2 月 15 日，已提出辭職諮文的孫中山率文武官員祭明孝陵。圖為孫中山祭明孝陵後與文武官員合影。

1915 年 9 月 25 日，為送別即將回國參加反袁鬥爭的同志，孫中山在中華革命黨本部與諸同志合影。前排左起鄧鏗、鄭鶴年、許崇智、陳其美、孫中山、胡漢民、居正、廖仲愷、田桐；中排左起：萱野長知、任壽祺、江天籟、蕭萱、趙瑾卿、陳中孚、王統一、謝持、郭崇渠、李煥；後排左起：余祥輝、連聲海、孫鏡、周道萬、戴季陶、林德宣，萬黃裳、田昌節、張祖漢、方性貞。

1905 年 8 月 20 日，中國同盟會在日本東京成立，孫中山被推舉為總理。圖為 1905 年的孫中山。

1910 年春，孫中山在美國底特律市成立同盟會分會時與分會部分會員合影。排左起：林槐燊、梅義榮、梅文傑、方神長；中排左起：朱卓文、孫中山、介眉；排左起：林光漢、余棣、梁賀、梅天宇、梅光培、李群盛、余逵。

1912 年 1 月 28 日，中華民國臨時參議院在南京正式成立。孫中山應邀出席成立大會，並與大家合影。照片中間排左三起依次為蔡元培、黃興、孫中山、趙士北、魏宸組、胡漢民。

註　釋：

註一：北京黃埔軍校同學會，《黃埔》雙月例第171期（二〇一六年第6期），二〇一六年十一月一日出版。

註二：黃志毅，〈明月幾時有　皓空彩雲間〉，同註一，頁五一——五五。

註三：周小祁，〈我的父親團保黎〉，同註一，頁六四——七二。

第八章　黃埔精神與祖國統一等事

壹、《黃埔》雙月刊總第172期作者文章標題（註一）

特別策劃：黃埔精神與祖國統一

楊天石，〈孫中山與中國的祖國統一〉。

戚嘉林，〈黃埔精神與祖國統一〉。

臧運祜，〈統一和團結是黃埔精神的重要內容〉。

謝　郁，〈西岸關係面臨的挑戰和未來觀察〉。

趙金康，〈關於闡釋黃埔精神的思考〉。

陳予歡，〈發揚黃埔精神　實現祖國統一〉。

時政（兩岸時評、兩岸縱橫、軍事天地、情系黃埔）

文　璐，〈怎一個亂字了得—二〇一六年台灣政局回顧〉。

史曉東，〈民進黨政客「追殺」赴陸退將爲哪般？〉。

吳亞明、〈海峽兩岸二〇一六年十—十一月大事記〉。

寸麗香，〈無人化戰爭管窺〉。

張宏微，〈中山思想與黃埔精神—第十屆黃埔論壇在中山市舉行〉。

徐步軍，〈翰墨香兩岸　文化架心橋—「二〇一六大陸書畫藝術交流訪問團」赴台參訪側記〉。

人　物（人物春秋、黃埔老人，黃埔人生、黃埔前輩和後代）

陳予歡，〈廖士翹與黃埔軍校〉。

周　游，〈風雨人生咏晚晴—託湖北百歲黃埔老人劉靖〉。

蔣光宇，〈父親的三枚抗戰勝利紀念章〉。

劉之泉口述、晏繼祖撰稿，〈秉承中山遺志　弘揚黃埔精神〉。

林爽爽，〈父親程子華與長征精神〉。

郭士健、李大慶，〈雲深藏良木　山高我爲峰—記長春昆侖建設股份有限公司董事長杜雲峰〉。

曾玲利，〈我愛我的父親〉。

歷　史（黃埔研究、黃埔收藏、黃埔日曆、黃埔連載）

寸麗香，〈黃埔前驅—民國陸軍四校同學會〉（下）。

單補生，〈黃埔碎片之軍校家書〉。

于　岳，〈我收藏的中央陸軍軍官學校南昌分校同學錄　附：南昌分校畢業生全名錄〉。

賈曉明，〈一九二六年元月十四日黃埔軍校呈請任命姚琮爲軍事教官〉。

王炳忠，〈我是台灣人更是中國人㈠〉。

文　化（名家欣賞、中華民俗）

曹景滇，〈畫家賀成心中的「孫中山」情結〉。

李　石，〈臘八粥裡品年俗〉。

貳、筆記、心得：黃埔精神與中國統一

《黃埔》雜誌這期主題是「黃埔精神與中國統一」，特別策劃由楊天石、戚嘉林、

臧運祜、謝郁、趙金康、陳予歡，六位元名家提出六篇文章，圍繞著「黃埔精神、孫中山思想、祖國統一」三項核心，深入擴大論述。讀起來感覺自己像又回到年輕時代，苦讀《國父全集》、《蔣公全集》、《馬恩全集》等，思想再一次激蕩，再一次反思和檢驗。

對我而言（或所有黃埔師生），不管談黃埔軍校創校宗旨或論黃埔精神，當然是爲了中國的統一富強，這是身爲黃埔人的基本認識（知識、常識），必須把這種認識化成信仰，才是真正道地的黃埔人。從「統一」衍釋論述，也是爲挽救中國危亡，爲消滅帝國主義入侵，爲打倒軍閥勢力，爲抵抗日本鬼子入侵，爲去除封建思想和舊勢力……。終極目標是完成中國統一，建設成一個現代化繁榮富強的中國。這是孫中山創建黃埔軍校、黃埔師生和老校長蔣公的宗旨，不然大家所爲何來？

△**楊天石**的文章，提到孫中山發表的宣言「民族之統一、領土之統一、軍政之統一、內治之統一、財政之統一」五大目標。事實上要完成這五大目標，只有依靠武力，所以要建軍，再者民族的形成靠自然力，國家的形成（統一）靠武力、中山先生講〈民族主義〉都講過。是故，兩岸的統一，政治和經濟力固然重要，武力也絕對要「備用」，必要時以打韓戰的決心，武統台灣，筆者覺得才是永久性解決問題的辦法。戰爭造成的傷

害是一時的（數十年），但若不戰爭造成分裂，對國家民族的傷害是很久的（數百年），所以，筆者要敬告所有中國人，統一不能再拖了！並向習近平的領導班子說，統一絕不能再拖超過十年！

△**戚嘉林**的文章，開宗明義說他來自台灣，他要介紹一下台灣軍人不知道的黃埔歷史，他的動機正好和我要出版本書動機一樣，他的七個子題如下：㈠黃埔建軍：前蘇聯的大力援助，國民黨將這段史實從歷史抹去。㈡昔日黃埔國軍爲統一中國而戰，今日黃埔國軍不知爲何爲誰而戰。㈢黃埔精神的核心是統一中國。㈣孫中山兩手準備統一中國的堅定決心。㈤黃埔精神蘊育中華民族强軍的中國夢。㈥抗日戰爭的勝利是全體中國人的勝利。㈦在台灣，黃埔精神被「去中國化」的異化現象值得關注。

戚嘉林說的正是我想說的，尤其㈤項黃埔精神的「中國夢」。確實，從孫中山、老校長蔣公和黃埔師生的奮鬥，正是現在習近平主席說的「中國夢」，中國富强統一，全世界中國人（含台灣人）有尊嚴，不是中國夢是什麼？

△**超金康**的文章是黃埔精神的擴張解釋。㈠中華文化是中華民族的「根」和「魂」，也是黃埔精神的文化基因。㈡黃埔精神與中國軍事的精武思想有密切關係。㈢黃埔精神與黃埔創辦者的理想追求密不可分。㈣闡釋黃埔精神應與共產國際和蘇聯的幫助以及中

共的幫助聯繫起來。㈤黃埔精神的闡釋與應實事求是評價黃埔軍校的歷史密不可分。

對於超金康的五點思考，㈠㈡㈢㈤點我認爲「當然如是」。就像說西點軍校是美國的「根」和「魂」一個道理，只要是黃埔教育班隊，到了中高階教育（如參謀大學、戰爭學院），《孫子兵法》、《孫臏兵法》等中國名著都是必讀。惟對第㈣點我看法不同，黃埔建校時，蘇聯和中共有幫助，這是歷史事實，不能否認，不可抹去。但黃埔精神的論述，主要是精神內涵，是「中國屬性」，根基於中華民族的利益，起源於中國之富強統一，脫離了這個內涵，便無黃埔精神可言。

△**陳予歡**文章中的三點很有說服和激勵作用。㈠黃埔軍校：傳承孫中山民族復興兩岸統一宏願。㈡黃埔精神：祖國統一和民族復興的精神力量。㈢孫中山國家統一思想是寬現兩岸和平復興之精神紐帶和源泉動力。這篇文章提到黃埔軍校從一九二四到一九四九年，在大陸只辦到23期，本部（廣州、南京、成都）共計培訓五萬多人，含各分校達三十萬學員生。這些元老目前所剩人不多，若《黃埔》雜誌僅在大陸發行，只剩少數老人家看，產生的影力太微弱了。

我的意思，《黃埔》雜誌的「市場」，要置重點於台灣黃埔人（24期至今快90期了），須要「再教育、啓發、感動」的，就是台灣從鳳山復校二十四期到現在，凡是還活的就要連黎並寄《黃埔》給他。現階段只有大陸有人才、有能力、有資源，更有需要做這件事，各期都有同學會組織，資料不難獲得。

參、人間冤案何其多？常使英雄淚滿襟

沒有專門研究國共鬥爭近百年來，這兩個恩怨情仇糾纏不清的陣營，到底各自製造了多少冤案？有多少英雄俠女被誤殺冤死？合理的判斷幾千乃至幾萬應該是有的。只是現在國共爲建立好關係，不去挖這些。但對往昔冤案，不論過了多少年，五十年一百年，由後來的政府代表國家給予平反、道歉、補償則是要做的。

例如陳予歡這篇〈廖士翹與黃埔軍校〉。（註二）廖士翹（一八九二——一九五一），江西修水人。日本陸軍士校回國後加入廣東肇慶講武堂教官，一九二四年十月講武堂並入黃埔軍校第一期。抗戰期間，廖士翹而建立汗馬功勞，一九四六年調任軍事訓練部中將參議，次年奉准退役，回南昌做教育工作。

一九五〇年元月五日，被公安人員以「窩藏槍支」押關在羊皮巷監獄。一九五一年二月十八日，廖士翹被江西省人民法院以「反革命」罪，判處死刑，同日執行槍決。他的十三名子女背負沉重的政治和社會壓力。

一九八三年起，他的子女們爲父親奔走申訴。終於到一九八六年三月二十日，江西省高級人民法院刑事判決書（84）刑監字第14號判決如下：「撤銷江西省人民法院一九五一年三月十六日刑訴延字第27號刑事判決；對廖士翹按起義投誠人員政策對待；錯沒收財產予以發還。」

冤案平反詳情不得而知，於情於理，政府應該做得更合乎人性化、更貼心才是。例如，當年沒收財產一萬元，事隔幾十年，所謂「錯沒收財產予以發還」，是發還一萬元嗎？還是「連本帶利加國家道歉金」？還有一條生命白白冤死，難到只有一紙「平反公文」嗎？這樣的政府怎能叫人民去愛？我相信江西省政府（或中央），對冤死者的平反應該是有補償的。難到現在中國還沒有「國家賠償法」嗎？相信是有的，否則要怎樣成爲現代國家？又如何立足於國際？

王炳忠〈我是台灣人更是中國人〉，其實也是很多台灣人的心聲，我很敬佩這位年輕人的奮鬥精神。他的想法和我很一致，希望他奮戰到底！

于　岳這篇文章的附錄〈南昌分校畢業生全名錄〉，極有史料價值。（註三）在台灣可能找不到，其畢業生也可能無人在世，而台灣後來的黃埔人極少人知道有「南昌分校」的存在。因此，本書轉印保存這份全名錄，以後有人寫《黃埔校史》，這是重要史料。

附錄一：中央陸軍軍官學校南昌分校畢業生名錄

步科第一區隊：86 人

柳浚泗（貴州）	蕭開鴻（湖南）	趙師憲	傅光楚
劉　珙（安徽）	舒　瑆（雲南）	袁增泰（雲南）	馬驥良（雲南）
陸效莊（安徽）	魏鶴霄（湖南）	徐　斌（湖南）	楊元桂（雲南）
廖學明	張　英（雲南）	葉靈根（雲南）	洪儉蔡（雲南）
周漢藻（雲南）	謝樹寶（雲南）	楊漢環	張烈侯（安徽）
甘紹興（貴州）	劉　壽（湖南）	姚子猷（湖南）	孫伯炯（江西）
楊承琨（湖南）	喻海容	黃　榮（雲南）	姜榮昌（貴州）
裘德治（江西）	王宗翰（江西）	石孟開（江西）	李家傑（雲南）
楊亮傑（雲南）	黃成林（雲南）	封立庭（湖南）	李開桂（雲南）
金紹聲	王學炯（貴州）	周　駿（湖南）	賈席珍（江蘇）
劉紹文（雲南）	納如桐（雲南）	傅秉衡（雲南）	張錫恩（雲南）
田家樂（湖南）	吳善學（湖南）	陳定邦（廣東）	張　崐（雲南）
梅松柏	楊勝雲（貴州）	吳雨春	金紹孔（雲南）
陳鳳來	章煦東（安徽）	盧永興（雲南）	胡適中（湖南）
陳燦國（江西）	蔣　箴（湖南）	張　誠（雲南）	李鳳標（雲南）
陳世珪（雲南）	張大年（雲南）	蕭大中（雲南）	楊春林
鮑秉元（雲南）	王人傑（雲南）	楊士清（雲南）	黃紹周（雲南）
吳公卿（湖北）	敖少卿（江西）	楊永祁	張克俊（雲南）
王集賢（雲南）	李廷才	劉崇傑（貴州）	王鎭中（江西）
鄧世銘	高允傑（湖南）	蔣正樞（雲南）	李有光（雲南）
朱立光（雲南）	李清泰（雲南）	羅振東（雲南）	蕭廷元（雲南）
劉蔭園	趙　樹（雲南）		

步科第二區隊：85 人

楊伶猛（雲南）	丁光仁（雲南）	蕭培厚（雲南）	蕭煥畿（湖南）
袁世華（湖南）	王　信	伍漢臣	黃玉柱
黃鶴齡（雲南）	楊雲龍	李嘉才（雲南）	餘　玨（湖南）
劉樹藩	李光佑（雲南）	張炳權	蔣公亮（貴州）
范培英（山東）	胡　璧（湖南）	楊玉成（湖南）	周家齊（雲南）
鄒清和（湖南）	劉維章（貴州）	項培伯（河南）	孫　理（雲南）
鐘英豪（貴州）	楊國湯（雲南）	周駿澄（貴州）	高作渭（貴州）
楊明光（貴州）	劉　傑（雲南）	鄧向寬（雲南）	龍世章（貴州）
譚芸庚（貴州）	董啓瀛（雲南）	胡光輝（雲南）	羅　捷（湖南）
韓玉樹（江西）	李建忠（雲南）	戴慕金（雲南）	高國興（江西）
汪騰蛟（貴州）	任　傑（湖南）	梁宗華（貴州）	張雲先
唐紹宗（貴州）	揭士慶	高立言（雲南）	陳　鵬（雲南）
王紹宗（雲南）	張俊民（浙江）	張奇才（四川）	杜萬年（雲南）
楊啓鴻（貴州）	葉　山（江西）	劉長華（雲南）	羅正山（江西）
李春林（雲南）	鄧綠森	伍序柏	周　琦（雲南）
李龍海	遊培松（貴州）	范啓文（雲南）	譚運寧
周和清	周　彬	張文華（雲南）	陳雙明（雲南）
周萬才	黃馭柏（湖南）	余濟安（湖北）	謝　雄（湖南）
全銳民	蕭祖森	曾傳厚（貴州）	張龍靈（貴州）
陳金龍	楊　靈（雲南）	張品賢（雲南）	李樹林
楊繼虞（雲南）	高應忠	潘雲臣（貴州）	萬　能（雲南）
胡柏生（江西）			

步科第三區隊：85 人

周延年（貴州）	王自鈞（貴州）	李增文（雲南）	潘必和（四川）
劉明階	鐘　標	孫文祥	葉如材（雲南）
李學名（山東）	李雲廷（江西）	楊　澤（雲南）	王　纛
陳時候	楊紹洲（四川）	黃體智（雲南）	王之翰（雲南）
鄭榮瑞（河南）	王　道（雲南）	梁瑞華	李根生（湖南）
安雨陽（雲南）	高占鼇	粟朝泰（雲南）	潘　忠（雲南）
徐炳坤（湖南）	杜天錫	牟樹清（四川）	張少臣（貴州）
楊國鑄	鄧洪章（四川）	祝國清（雲南）	龍輝章（湖南）
劉定乾（廣西）	楊才坤（雲南）	徐維華（雲南）	普錦章（雲南）
丁海田（雲南）	鄒耀光（四川）	李克強（雲南）	華世鈺（雲南）
王禮安（雲南）	畢光明（雲南）	李耀庭（雲南）	王仁良（雲南）
袁　富（雲南）	李樹旺（雲南）	韓西鎔	楊家榮（雲南）
張有富（貴州）	段顯臣（雲南）	李炳炎	漆海年
孫至金（雲南）	沈發高（廣東）	張　華（雲南）	季正尉（雲南）
花樹軒（雲南）	解天運（雲南）	唐得標（湖南）	張孝廉（雲南）
楊　元（雲南）	羅志義（雲南）	高培德（雲南）	王國華（雲南）
賈炳榮（雲南）	萬紫富	敖鳳山（貴州）	金學仁
楊少泉（雲南）	李文善	黃　瑛（江西）	黃順廷（雲南）
黃玉春（江西）	張仕庭（雲南）	劉子成	李良材（雲南）
張國權	陳金魁（雲南）	黎勝華（貴州）	查玉清
羅　凱	普自忠（雲南）	賴朝振（雲南）	楊金成（貴州）
陳必燮（江西）			

炮科區隊：75 人

宋元鴻（雲南）	盤自和（雲南）	陳能新（雲南）	李炳昌（雲南）
熊法堯（江西）	胥懷清（雲南）	高蔭棠（雲南）	張紹寃
楊振翩（雲南）	蕭正芳	徐質彬（雲南）	曹永明（雲南）
李劍平（雲南）	張　忠（江西）	劉成功（福建）	陶學淵（雲南）
孫子衡	李毓楨（雲南）	孫秉元（雲南）	張玉成（雲南）
董繩武	丁　廉（湖南）	鄧大觀（雲南）	李文華（雲南）
趙運衡	劉　偉（雲南）	段雲鵬（雲南）	蔣汝霖
楊靖寰	王　俊（雲南）	周鐘岐（雲南）	餘若旻（江西）
周盛銘（貴州）	朱　暉（浙江）	阮慶堯（雲南）	蔡時英（雲南）
劉乾元	龍升濤（雲南）	許　鳳	陳家暄
郭延康	段學釗（雲南）	蕭鎮漢（湖南）	鐘　恕（江西）
張鶴洲（雲南）	羅　惠（雲南）	李佩瑛（雲南）	布子馨（雲南）
蔡英武（雲南）	左耀章（雲南）	張維漢（雲南）	趙　湘（江西）
萬世楷（江西）	萬祚蕃	蕭光奏（湖南）	蕭德明（湖南）
柏興璨	蕭廷輝（雲南）	沈瑤冰（四川）	李澤陽（雲南）
唐嘉蔚（雲南）	楊毅均（貴州）	李鳳藻（雲南）	張仲達（雲南）
胡家屏	王智民	雷東成	羅永年（廣東）
鄧煒明	司正卿（雲南）	蕭電生（湖南）	李郁芳（雲南）
盛　鐸	李治平	朱倘典	

工科區隊：78 人

胡 立（江西）	王魁武	郭紹武（貴州）	邵景岫（河南）
鄭澤芝（雲南）	陳景光（廣西）	周吉人（雲南）	彭樹聲（雲南）
李榮臣（雲南）	張子廉（江西）	王乃康（雲南）	黃勝興
陳永華（雲南）	蘇 坤（雲南）	王 超（浙江）	俞世英（廣西）
宣伯良（雲南）	趙次郎（四川）	何 鈞（雲南）	聞天漢
柳崇文（江西）	尹 霖（江西）	謝子湘（安徽）	尹 猷（湖南）
張 農（江西）	李得春（雲南）	楊金柱（雲南）	李荆銘
王 棟（安徽）	羅克瓊（四川）	王象乾（山東）	高晉侯（四川）
李堯卿（四川）	蔣敦政（江西）	黃醒群（江西）	呂冠三（江西）
王一恕（江西）	鮑 滌（湖北）	彭祖齡	李培芝（雲南）
陳恩溥（雲南）	陳鐘儼（江西）	方揚名（江西）	孫子光
馮耀春	揭廷棟（江西）	宋 光	李澤民（江西）
康自強（四川）	張西清（雲南）	汪 濤 （安徽）	張劍暉（湖南）
李漢卿（雲南）	祁崇仁（雲南）	胡應焜（貴州）	吳漢成
劉盛炎（雲南）	孟 煦	吳 瑤（雲南）	嚴盛輝（江西）
金 驥（雲南）	朱叔森（江西）	楊錫吾（江西）	鄧世英（雲南）
姚賢儒（湖南）	陳 起	李茂誼（江西）	敬德裕（雲南）
周登麟（雲南）	文玉林	郜燕青（雲南）	何紹儀（雲南）
徐克明（四川）	王 一（雲南）	樂士豪（江西）	朱厚鴻（江西）
曾文叔（貴州）	尹可寬		

死亡同學：
李玉良（四川）　蕭汝明（湖南桂陽）　張　權（湖南）
宋嘉禾（雲南普寧）　揚正鈞（湖南）

附錄二：畢業生名錄中未載之同學

劉福堯：別號蓂階，28 歲，雲南
李恒芳：別號葉清，22 歲，雲南
周紹文：別號雄武，22 歲，雲南
楊恩沛：別號雨膏，22 歲，雲南
鐘鎮雄：別號俊臣，23 歲，廣東
杜宣鵬：別號文遠，24 歲，河南
梁智檳：別號治林，24 歲，貴州
張昌淮：別號毓蘇，24 歲，湖南
楊士慶：別號餘鄉，22 歲，江西
周長青：別號文哉，20 歲，江西
唐運寧：別號紹虞，26 歲，貴州

備註：名錄與照片頁記載存差異之同學
柳浚泗（第一區隊）：照片頁載為柳俊泗，別號銓鑫
周　駿（第一區隊）：照片頁載為周　俊，別號益民
張　崐（第一區隊）：照片頁載為張　崑，別號曉峰
楊承琨（第一區隊）：照片頁載為楊承崑，別號希成
王宗翰（第一區隊）：照片頁載為王忠翰
洪儉蔡（第一區隊）：照片頁載為洪儉齋
姚子猷（第一區隊）：照片頁載為姚廷勳，別號子猷
孫　理（第二區隊）：照片頁載為孫　禮，別號從周
譚芸庚（第二區隊）：疑似照片頁所載譚元根
周駿澄（第二區隊）：照片頁載為周之儀，別號駿澄
高作渭（第二區隊）：照片頁載為高作謂，別號志清
李建忠（第二區隊）：照片頁載為李廷忠，別號恕南
黃馭柏（第二區隊）：照片頁載為李馭白，別號駿軒

羅正山（第二區隊）：照片頁載爲羅　正，別號正山
范培英（第二區隊）：照片頁載爲范鐘英，別號子才
袁世華（第二區隊）：照片頁載爲袁仕華，別號騰飛
潘雲臣（第二區隊）：照片頁載爲潘雲程，別號鼎金
楊　靈：照片頁載名爲“目字旁+靈字”，別號秀山
楊　沅（第三區隊）：照片頁載爲楊　元，別號治中
張有富（第三區隊）：照片頁載爲張友富，別號配德
黎勝華（第三區隊）：照片頁載爲黎良樹，別號勝華
李雲廷（第三區隊）：照片頁載爲李　雲，別號明廷
李學名（第三區隊）：照片頁載爲李學明，別號又新
黃順廷（第三區隊）：照片頁載爲黃順庭，別號柒
劉定乾（第三區隊）：照片頁載爲劉經武，別號定乾
普自忠（第三區隊）：照片頁載爲普聞忠
鄭榮瑞（第三區隊）：照片頁載爲鄭榮順，別號華久
楊金成（第三區隊）：照片頁載爲楊金臣，別號治邦
牟樹清（第三區隊）：照片頁載爲牟益暢，別號樹清
孫至金（第三區隊）：照片頁載爲孫志金，別號良臣
李佩琪（炮）：疑似照片頁所載李珮，別號玉汝
李鳳藻（炮）：照片頁載爲李鳳沼，別號九逵
王　俊（炮）：照片頁載爲王　浚，別號筱泉
張維漢（炮）：照片頁載爲張維翰，別號倬雲
蕭德明（炮）：照片頁載爲蕭德民，別號蘇亞
蕭電生（炮）：照片頁載爲肖電生，別號亞中
蕭光奏（炮）：照片頁載爲蕭光秦，別號熙廷
謝子湘（工）：照片頁載爲謝學昌，別號子湖
楊錫吾（工）：照片頁載爲楊錫武，別號雁楚
何紹儀（工）：照片頁載爲何紹義
徐克明（工）：照片頁載爲徐德明，別號克明
李培芝（工）：照片頁載爲李嘉芝，別號培芝
楊金柱（工）：照片頁載爲楊金鑄，別號於天
李得春（工）：照片頁載爲李德壽：別號海山

註釋：

註一：北京黃埔軍校同學會，《黃埔》雙月刊總第172期（二〇一七年第一期），二〇一七年元月一日出版。

註二：陳予歡，〈廖士翹與黃埔軍校〉，同註一，頁三八—四一。

註三：于　岳，〈我收藏的中央陸軍軍官學校，南昌分校同學錄附：南昌分校畢業生全名錄〉，同註一，頁七二—七六。

第九章　關於黃埔軍校分校

——潮州分校及其他

壹、《黃埔》雙月刊總第173期作者文章標題（註一）

特別策劃：黃埔軍校分校概覽

〈潮州分校〉。

方　靖，〈潮州分校片斷回憶〉。

時　政（兩岸時評、兩岸縱橫、軍事天地）

潘　偉，〈各有算計　難撼大局—蔡英文與特朗普通話透視〉。

吳亞明，〈海峽兩岸二〇一六年十二月—二〇一七年元月大事記〉。

寸麗香，〈航母小史〉。

人物（人物春秋、黃埔老人、黃埔人生、黃埔前輩與後代）

陳予歡，〈張靜愚與黃埔軍校〉。

丁　冪，〈百歲黃埔老人梁漢周〉。

夏奇峰，〈我的抗戰往事〉。

于　岳、盧慧蘭，〈矢志愛國的黃埔抗戰老兵劉志禎〉。

蒲　元、耿小喬，〈西安事變中的黃埔四期生王子偉〉。

宋欣揚、宋　虹，〈外公李賢的報國人生〉。

曾　立，〈黃埔軍校武漢分校女生隊年齡最小的女兵—追憶母親曾希平〉。

段子文，〈黃埔精神　薪火相傳—我的人生之旅〉。

歷史（黃埔研究、歷史、往事、收藏、日曆、連載）

何　江，〈黃埔軍校南京時期軍校報刊史料考證〉。

顏少俊，〈鏖戰南潯線—訪黃埔抗戰老兵徐壽山〉。

曹景滇，〈駐印軍中的征輪籃球隊〉。

單補生，〈我珍藏的中央軍校留學文稿〉。

賈曉明，〈一九二六年元月十五日，蔣介石提出辭去國民革命軍第一軍軍長職務〉。

王炳忠，〈我是台灣人更是中國人〉。

貳、關於黃埔校潮州分校

關於我陸軍官校（黃埔軍校）在大陸時期，有很多人和事確是後來台灣黃埔人所不知道。例如，建校時中共和蘇聯參與的過程，共產黨人在軍校的角色，這些問題《黃埔》雜誌開始可以公開論說，這是好的開始。真相只有一個，真理經得起檢驗。

黃埔軍校有分校，以往只是聽說，沒有用心去找資料，台灣雖可能有史料，可惜無人可以像《黃埔》雙月刊這樣的團隊，強而有力「爲黃埔同學立言」（徐向前題詞）。這章把黃埔分校記下一些重點，按陸軍官校校址在大陸的移遷，有三個時期，黃埔、南京、成都。

△**黃埔時期**（一九二四年五月至一九二八年初），先後開辦了潮州分校、南寧分校、武漢分校、長沙分校。

△**南京時期**（一九二八年三月至一九三七年七月），先後開辦南寧、廣州、南昌、武漢、洛陽、成都、昆明七所分校。

△**成都時期**（一九三七年八月至一九四九年十二月）。在此期間，因抗日戰爭，各

分校遷徙頻繁，以用數字區分，共設一、二、三、四、五、六、七、八、九分校。本期先介紹潮州分校。

△**潮州分校**。一九二五年二月，爲給參加第一次東征的學生補習課程，在廣東潮安縣城設分校，因楊希閔、劉震寰判亂而暫停，二次東征後又恢復，借用潮安縣李公祠爲校址。初名「陸軍軍官學校潮州分校」，後改「中央軍事政治學校潮州分校」（簡稱「潮州分校」）。

國民革命軍在二次東征，完全消滅陳炯明殘部後，一九二五年十二月上旬，招考學員和入伍生，一九二五年十二月十八日，黃埔軍校第一個潮州分校才正式舉行第一期生開學典禮。一九二六年六月第一期畢業，第二期入學，年底畢業後，潮州分校停辦。

△**潮州分校的兩期學員和課程**。第一期畢業生三百四十八人（列入黃埔三期），第二期畢業生三百八十人（列入黃埔四期）。他們的學習課程，從現代視野看，還是很先進。

軍事理論課程。主要有《戰術學》、《軍制學》、《兵器學》、《地形學》、《築壘學》、《交通學》、《衛生學》及國內外最新軍事學說。

軍事技能訓練。主要有《步兵教練》、《射擊》、《陣中勤務》、《技術》、《特種武器操作》、《野營演習》（日、夜間演習都有）。

政治教育課程。主要有《三民主義》、《建國方略》、《建國大綱》、《全國代表大會宣言》、《中國國民黨黨史》、《帝國主義侵略中國史》、《世界革命史》、《政治學概論》、《社會科學概論》、《經濟學概論》、《社會問題》、《社會主義》、《黨的組織問題》、《軍隊政治工作》、《特別講演》。

△**潮州分校畢業生中著名的共產黨員**。黃埔軍校創校之初，不論本校或分校，基本上國民黨陣營的學員生較多，共黨陣營較少，而且都在很年輕就「陣亡」了。如以下六人。

李雲貴，福建連城，曾幹到紅軍大隊長和黨代表，一九二九年秋在長汀縣涂坊犧牲。

李上達，江西贛縣人，曾任紅軍獨立團團長、紅十軍前敵政委。一九三〇年八月十八日，在江西樂平股眾埠被捕，英勇就義。

劉孟愧，四川資中人，曾任紅軍政委，一九三一年在「肅反」擴大化中被錯殺。（筆者問：即知錯殺，是否已平反？就算沒有後代親人，現政府要代表「前政府」爲他平反，這才是讓人尊敬的政府和國家。）

劉瑞生，廣東大埔人，曾任紅軍學校校長兼政委，參加一至三次反「圍剿」作戰，一九三二年二月九日在戰鬥中犧牲。

魏　赤，福建龍岩人，曾任作戰分區（建黎泰軍分區）司令員、江西軍區參謀長，一九三五年春在雲南犧牲，年僅二十九歲。

吳漢超，廣東梅縣人，曾幹到十九路軍的副團長、縱隊軍事教官等，一九四九年在梅縣松崗戰鬥中犧牲，時年四十六歲。

以上六人，除劉孟槐是被自己陣營錯殺，其餘五人所謂，「就義、犧牲」，看年代就知道死於和國民黨軍的作戰。當時雖有所謂「國共合作」，不久就翻臉了，都怪對方沒誠意，百年後的現在依然是非不明。要有公平客觀論述，至少要再等五十年以上，甚至一百年！按佛法來論，這些災難乃至今之「台灣問題」，是中國人的「共業」，前人造了惡因，後人收了惡果！

△潮州分校畢業生中著名的國民黨陣營將領。同是潮州分校出來，共產黨員很早「陣亡」，國民黨方面可以幹到高階，證明當時權力和資源是在國民黨陣營手上，舉以下六人。

滕久壽（一八九九—一九三二），貴州三都人，幹到吳淞要塞司令部參謀長，一九三二年二月四日，在吳淞阻擊日軍時陣亡。一九八四年六月，上海市人民政府追認爲革命烈士，二〇一四年列入民政部公告第一批抗日英烈名單。

黃紀福（一九〇二—一九三七），廣東梅縣人，最後在南京保衛戰中，任四七七旅副旅長，一九三七年十二月十二日，在南京保衛戰犧牲，國民政府追贈陸軍少將。

蔣志英（一九〇二—一九四一），浙江諸暨人，一九四〇年任第三戰區少將高參，兼浙東台州守備司令。一九四一年四月十九日，與日軍作戰殉國，一九四六年二月國民政府追贈中將。

程嘯平（一九〇三—一九四一），江西樂平人，抗戰中幹到第三戰區預八師少將參謀長，一九四一年春，在紹興對日作戰中陣亡。

趙公武（一九〇六—一九五三），廣東大埔人，最後在一九四七年，任東北「剿總」第三綏靖區司令兼52軍軍長，同年十二月從遼沈戰役中于營口逃回南京，後轉往香港，一九五三年病逝香港。人生有一「逃」字，極爲可惜，一輩子功名回到零。

方　靖（一九〇一—一九九〇）江蘇江都人，抗戰中立很多大功，參與很多會戰。一九四八年九月授陸軍中將，任湘鄂川綏靖公署副主任，一九四九年二月在湖北荊門，被解放軍俘虜。一九六六年四月特赦，曾任全國政協委員，一九九〇年七月逝世。

從潮州分校校部組織分組看，老校長蔣公也是分校校長，代校長何應欽、黨代表汪兆銘（汪在黨內有崇高地位，不知爲何後來當了漢奸，實在可惜！），以下分各部、處、隊等，這份「潮州分校官佐名錄」很有歷史價值，轉放本章末。（註二）

參、現在中國人民解放軍敢打一場台海作戰嗎？及其他

△**潘　偉**這篇〈各有算計　難撼大局〉固然把「蔡英文」和特朗普批一陣，但批一陣也止於批一陣，卻還不敢（或不想）有大動作，這是對的。對付「蔡僞政權」要一步步來，一步步壓縮，因爲真正對手是美國，吾大中國目前仍不需要和美國硬幹，一步步使其弱化、裂解，「台灣問題」就解決了。

△**寸麗香**〈航母小史〉，把世界航母發展略述一回。吾國也在大力發展航母，筆者長期研究西岸軍事，二十多年前，筆者出版《決戰閏八月》和《防衛

北京《軍事文摘》總第50期封面，以筆者為封面照，稱「台灣軍魂」。

大台灣》、二書。（註三）引起大陸軍事研究部門注竟，北京《軍事文摘》以筆者爲封面照，並稱筆者「台灣軍魂」，在內文介紹「陳福成的戰略思想」。這是個人的往事，算是個人在專業上引起的一個漣漪！爲何要提起？

爲要回答寸麗香這篇文章讓我訂出本小節主題，〈現在中國人民解放軍敢打一場台海作戰嗎？」這是是很複雜的問題，三言兩語如何取信於讀者，我是台灣軍魂的「專業」。筆者簡單回答，「還不敢，至少在五年內，解放軍還不會武統，即發動一場台海作戰，還不會，沒把握。」我總要略說個理由。

第一、打台海統一之戰，最可能的變數是美軍，中國的國防、軍事作戰能力尚遠不及美國，以航母論，美國有十二航母戰鬥群。（註四）航母戰力、技術，中國尚落後約二十年，其他差不多，吾國尚要努力。但解放軍不能怕打仗，打仗是「練兵」唯一有效的辦法，解放軍要找機會「試劍」！

第二、從中朝關係看，金正恩爲何一定要和美國「和談」，進而「建交」，說白了，中國目前的力量不能確保朝鮮的安全與合法性，只有美國可以「保障」北韓安全和政權合法性。當然，北韓仍是中國的一張「王牌」，甚至是「終極武器」。

第三、以打一場台海作戰完成武統，目前來看，代價還太高，中國各方應都會受到極大影響，所以武統目前不是解放軍的選項，只是做「備戰」工作，五年後就難說了。尤其「二〇二五」是關鍵年，所謂一百小時完成統一是極有可能的，正是很多「台灣人也是中國人」的期待，筆者當然也是。

小結美、中、台三方，美國拼命打「台灣牌」，骨子裡是在台灣點燃戰火，拖解放軍「下海」，只要台海大戰，參與不參與對美國都有利，而中國會元氣大傷，這是美國人的算計和邪惡，中國不會隨美國起舞，我看習近平很穩，一步步來，台灣基本上無牌可打，就是台獨份子搞些小動作，「緩獨緩統、急獨急統」，台獨的終點站就是統一。（註五）習近平的「中國國家戰略發展構想」會實踐完成，因為所有中國人期待並支持「中國夢」的實現。

小結

這期《黃埔》都是好文章，最難得是當事人早已往生，由黃埔後代親人有心「挖出來的故事」，如宋欣揚和宋虹〈外公李賢的報國人生〉；曾立追憶母親曾希平等。這是中國人表現孝道的方式，飲水思源不忘本的精神，尤其中國人自古有記錄「家譜」的好傳統，父祖的光榮歷史當然要忠實記錄下來。

何江的黃埔軍校報刊史料考證，這些「微歷史」若無整理保存，數十年後也是灰煙息滅，無人知曉。包含單補生寫的〈我珍藏的中央軍校留學文稿〉，相信都是珍貴的黃埔歷史一部份，《黃埔》有心，真好！

附錄一

潮州分校官佐名錄

《中央軍事政治學校潮州分校官佐簡明履歷表》

區分	職別	階級	姓名	別號	籍貫	通訊錄
校本部	校長		蔣中正	介石	浙江	
	代校長		何應欽	敬之	貴州	
	黨代表		汪兆銘	精衛	廣東	
	教育長	少將	王繩祖	承旃	雲南	
	教育副官	少校	羅 群	君羊	江西	江西萬安縣教育局轉
	教育副官	少尉	余嘉勛	覺新	江西	潮州中營前街
	特別官佐	上尉	滕代榮	幼俠	湖南	湖南麻陽高村滕家祠堂
	書記官	同少校	宋之洵	伯濳	江蘇	貴族安龍縣大街
	書記	同中尉	周逸民		湖北	南京莫愁湖清涼寄廬
	司書	同准尉	李陽蘇	松仙	江西	江西九江轉武寧澧溪楊順興
	司書	同准尉	陳展祥		廣東	廣東興寧義正學校
政治部	主任	上校	何玉書	夢麟	貴州	本校政治部
	總務科長	少校	王昆侖		江蘇	北京景山後街六號
	宣傳科長,	少校	魯純仁	任予	貴州	北京景山後街六號
	黨務科長	少校	袁冠新		貴陽	北京景山後街六號
	宣傳科員	上尉	黃 鐘		廣東	廣東梅縣西門外黃勝和號轉
	宣傳科員	上尉	金鐵鳴		四川	北京景山後街六號

區分	職別	階級	姓名	別號	籍貫	通訊錄
	宣傳科員	少尉	鄧大選		廣東	潮安庵埠芒庵養寶樓
	黨務科員	中尉	梁辟村		廣東	汕頭京華旅館轉交
	黨務科員	中尉	翁秀民		廣東	廣東潮安道後他仔內四號
	黨務科員	中尉	余建中		廣東	廣東惠來英潭余子成西藥房轉
	書記	上尉	陳展勳		廣東	廣東興寧義正學校
	幹事	上尉	張永年		江蘇	江蘇丹徒縣連城州順九塘
	幹事	中尉	王勝清		安徽	
	司書	準尉	楊壽崖		湖南	湖南省城貢院本街楊氏試館
	司書	準尉	林體彝		廣東	廣東平遠東石
	管理員	準尉	董世清		安徽	合肥北廂高蕩集姚家村
	管理員	準尉	葛正明		安徽	鳳台縣義興號
	剪報員	準尉	蘇元貴		江蘇	如皋石莊市立女子高等學校蘇體善轉
	服務員	準尉	李　鏞		韓國	吉林延吉縣六區二區四洞世一堂藥房朱也轉交
教官部	戰術教官	中校	蕭文彬	俊軒	湖北	湖北羅田藤家堡慎修藥房
	戰術教官	中校	萬越凡		湖北	湖北陽邏陶源昌轉
	戰術教官	少校	陳　偉	勉吾	廣東	汕頭新興街其興號
	戰術教官	少校	盛振華	亞夫	雲南	雲南南關外東南美號轉
	戰術教官	少校	張永觀	如九	江西	大庾縣水城大街聯昌布行代收
	戰術教官	少校	劉子英		江西	南昌獅子口武寧劉宅
	戰術教官	少校	鄭　斌	文儒	浙江	平陽鄭家樓
	兵器教官	中校	陳隱冀	宇非	廣東	興寧縣義正學校
	兵器教官	少校	張　光	尊我	廣東	汕頭內市張保元堂
	兵器教官	少校	陳調農	莘野	福建	汕頭永和街三十號補充團辦事處
	地形教官	少校	葉秉中	仲庸	廣東	汕頭至安街榮春號
	地形教官	少校	方萬方	萬點	廣東	汕頭永和街仁泰祥轉
	地形教官	少校	林　嵩	嶽生	廣東	蕉嶺縣林家祠
副官處	副官處長	中校	胡振武	競義	江西	鄱陽激揚橋王合豐轉達
	副官	上尉	王繼武		湖西	贛州箕口同德生轉
	副官	上尉	吳　斌		廣東	廣東茂名分界墟保寧
	特別官佐	中尉	滕久壽	祺之	貴州	都江縣城內
	特別官佐	中尉	徐國楨	千秋	貴州	盤縣半邊街
	特別官佐	准尉	李雲祥		廣州	潮州湘湖馬路本宅
	收發	准尉	周贊堯		湖南	長岳路沙河站
	司號長	准尉	李玉廷	照煊	湖南	潮州金城巷 20 號

區分	職別	階級	姓名	別號	籍貫	通訊錄
軍需處	軍需處長	同少校	李長輝	紹陽	四川	涪陵潘家巷
	軍需	同上尉	蔣澤寰	鈞輔	湖南	湘陰蔣家坪
	特別官佐	同準尉	李少皆	公禹	廣東	四會李家村
	書記	同準尉	李樹?		廣東	鬆口公學
	司書	同準尉	林際春	植三	江西	江西武寧縣上林坊林宅
軍醫處	處長	同少校	林伯輝	子鶴	福建	福州南台泛船浦桂廬
	軍醫	同上尉	王　仁	永禎	福建	福州南台蒼前山
	司藥	同準尉	許傳耀	楚希	廣東潮安	潮安湘子橋頭合成昌青果行
	司書	同準尉	張華泉	華泉	福建	福州城內府學裡
	看護長	同準尉	樓永聯	秋芳	浙江東陽	浙江東陽樓西宅
大隊部	大隊長	中校	阮開基	毅然	江蘇金山	上海洙涇鎮
	大隊副	少校	宋思一		貴州貴定	貴州貴定第三區
	副官	上尉	鐘亞藩	震西	江西臨川	撫州城內天寧嶺
	書記	中尉	錢　潮	之江	江蘇奉賢	奉賢錢家橋鎮協豐號
	司書	準尉	戴光遠	江西		
	司書	準尉	彭昌瑞	嘉祥	湖南	長沙
第一隊	隊長	上尉	胡啓儒	梓卿	湖南	常德縣砂彎街羅同泰
	副隊長	中尉	毛　豐		江西	鄱陽激揚橋升太號轉
	區隊長	中尉	徐啓興		浙江	永嘉徐信記布莊
	區隊長	少尉	黃敬熙	筱譽	江蘇	江蘇省仙女廟宜陵鎮
	區隊長	少尉	周覺一		江蘇	江陰北門大街尹家弄
	特務長	准尉	黃澤南	菊蓀	湖南	常德砂彎街黃宜大號轉
	司書	準尉	謝震明	祥光	梅縣	潮安同善堂巷四號
第二隊	隊長	上尉	余錦源	瀛淵	四川	四川金堂餘家灣
	副隊長	中尉	周　浩		浙江	浙江諸暨安華郵局轉
	區隊長	中尉	唐三山		江西	江西吉安淳化東固市
	區隊長	中尉	黃乃潛		四川	四川敘永縣察院巷
	區隊長	中尉	余耀榮		貴州	貴州丹江縣城內南街
	特務長	準尉	李信文	萍青	廣東	鬆口油源莊
	司書	準尉	楊　駿		廣東	鬆口生和店
第三隊	隊長	上尉	廖運澤	匯川	安徽	洛河黑泥窪
	副隊長	上尉	熊　驥		江南	
	區隊長	中尉	楊得亮		雲南	
	區隊長	少尉	李炳輝	建設	廣東	廣州河南塹口三元里一號
	區隊長	少尉	丁佩三		安徽	
	特務長	准尉	孫一普	亞侯	安徽	壽縣南門外孫和合米行
	司書	准尉	章文仲		安徽	全椒縣城內

附錄二

美海軍現役航母統計表

艦　名	艦號	成軍日期	備　考
Kitty Hawk	CV63	1961 年 3 月 29 日	預 2008 年除役
Enterprise	CVN65	1961 年 11 月 25 日	預 2013 年除役
Nimitz	CVN68	1975 年 5 月 3 日	
Dwight D. Eisenhower	CVN69	1977 年 10 月 18 日	
Car I Vinson	CVN70	1982 年 4 月 13 日	
Theodore Roosevelt	CVN71	1986 年 10 月 25 日	
Abraham Lincoln	CVN72	1989 年 11 月 11 日	
George Washington	CVN73	1992 年 7 月 4 日	
John C. Stennis	CVN74	1995 年 12 月 9 日	
Harry S. Truman	CVN75	1998 年 7 月 25 日	
Ronald Reagan	CVN76	2003 年 7 月 12 日	
George H. W Bush	CVN77	N/A	建造中，CVN-21 過渡型，預 2008 年成軍服勤
Gerald R. Ford	CVN78	N/A	CVN-21 型，預 2008 年起工、2015 年成軍服勤
N/A	CVN79	N/A	預 2012 年起工、2019 年成軍服勤
N/A	CVN80	N/A	預 2016 年起工
註：尼米茲級航母計畫使用籌期為 50 年，預 2019 年至 2037 年汰除。資料來源：作者集整			

註釋：

註一：北京黃埔軍校同學會，《黃埔》雙月刊第173期（二〇一七年第2期），二〇一七年三月一日。

註二：同註一，頁一二—一四。

註三：筆者引起大陸軍方和軍事研究部門注意，稱筆者「台灣軍魂」，在北京《軍事文摘》專文介紹「陳福成的戰略思想」，來自筆者出版的兩本書：㈠《決戰閏八月：後鄧時代中共式力犯台研究》（一九九五年七月）；㈡《防衛大台灣：台海安全共與三軍戰略大佈局》（一九九五年十一月）。兩本都由台北的金台灣出版社出版。

註四：陳國慶，〈美國海軍為何需要十二艘航艦〉，台灣大學政治學系「國際政治共兩岸關係專題」期中報告（時間不詳），未正式出版。美國服役航母如附錄二。

註五：陳福成，《三黨搞統一——共產黨、國民黨、民進黨搞統一分析》（台北：文史哲出版社，二〇一六年三月）。

第十章　黃埔軍校分校概覽
——南寧分校（上）

壹、《黃埔》雙月刊第174期作者文章標題（註一）

特別策劃：黃埔軍校分校概覽

〈南寧分校・第六分校〉（上）。

于　岳，〈一枚特殊的六分校畢業紀念章〉。

時　政（兩岸時評、兩岸縱橫、軍事天地、情系黃埔）。

陳泳江，〈近期島內政局概述〉。

吳亞明，〈海峽兩岸二〇一七年二——三月大事記〉。

寸麗香，〈閑話軍銜〉。

高喜沛，〈中山—永恒的崇敬〉。

人　物（人物春秋、黃埔老人、黃埔人生與後代）

陳予歡，〈戴季陶與黃埔軍校〉。

蔣光宇，〈父親最幸福的事〉。

彥　辰，〈黃埔軍魂　愛國赤子—紀念陳壽頤先生〉。

李大慶，〈黃埔學長的貼心人—記吉林市黃埔軍校同學會會長王欣棣〉。

李雄涯，〈抗戰老兵的英雄人生〉。

胡建民口述、龔玉和整理，〈西溪蘆葦分外韌〉。

歷　史（黃埔研究、往事、歷史、收藏、日曆、連載等）

李　嵐，〈梁氏三兄弟的黃埔情緣〉。

袁紹宏，〈我的黃埔時光〉（口述歷史）。

蒲　元、耿小喬，〈高吉人與《陳榕門之生平》〉。

單補生，〈黃埔忠奸辨—短命的汪僞中央軍校〉。

賈曉明，〈一九二六年元月十七日，黃埔軍校舉行第三期學生畢業典禮〉。

王炳忠，〈我是台灣人更是中國人〉（三）。

杜 謙，〈思榮辱求大同〉。

貳、關於南寧分校·第六分校（上）

南寧分校的歷史背景、變遷較爲複雜，我這筆記只能簡述。它的前身是一九二六年五月在廣西陸軍講武學堂基礎上建立的中央軍事政治學校第一分校。一九三八年初，南寧分校遷至桂林，奉令改稱中央陸軍軍官學校第六分校。一九四五年底，第六分校奉令裁撤。

△**廣西陸軍講武學堂**。清末滿清爲建立新軍，一九〇七年在廣西南寧城東門外葛麻村，設立陸軍講武堂和學兵營，次年講武堂在龍州南標營開學，一九〇九年八月從龍州遷到南寧。同年底，舊桂系在南寧編新軍第一標，轄西營約一千五百人，軍官都由講武堂畢業生充任，軍士由學兵營結業生擔任。新軍編成後，講武堂因學生畢業而停辦。由此事可見，滿清官員依然眼光短淺，沒有長遠的國家發展觀念。

△**中央軍事政治學校第一分校**。一九二六年初，李宗仁爲培養桂系軍隊幹部，參照廣州黃埔軍校，籌辦中央軍事政治學校第一分校，五月十六日在原廣西講武堂舊址開學，俞作柏任校長，胡章民任政治部主任。

可能各派系政治鬥爭的原因，校名和校址多次變更，一九二八年更名「國民革命軍陸軍軍官學校廣西分校」，一九二九年改「陸軍軍官學校第一分校」，一九三〇年加「中央」，一度加上「中國國民黨」，一九三一年改回「中央軍事政治學校第一分校」。這時已籌辦第五期招生工作。

△**南寧分校**。盧溝橋事變爆發，全國軍事政治已統一于中央，在中央統籌下，南寧第一分校易名「中央陸軍軍官學校南寧分校」。一九三八年因日軍空襲南寧造成傷亡，年初遷移到桂林李家村。

△**中央陸軍軍官學校第六分校**。一九

三八年三月，全國各分校重新排序，更名爲「中央陸軍軍官學校第六分校」，直轄中央，蔣公介石任校長，俞星槎爲第六分校主任。一九四四年八月衡陽淪陷，九月桂柳會戰爆發，十月第六分校西遷，曾遷到宜山縣懷遠鎮、凌雲縣城，日軍投降後返回桂林，直到一九四五年十一月，第六分校奉命裁撤，尚未畢業學生并入成都黃埔軍校繼續學業。

南寧分校（第六分校），從一九二六年到一九四五年間，共籌辦了十五期，各期都比叙黃埔軍校，第六分校最後一期（一九四五年）比叙黃埔本校第二十期。

△各期校長和學員。㈠南寧分校及其前期（一九二六年五月—一九三八年三月）。當過校長的有俞作柏、呂竟存、胡章民、李明瑞、江玉珊（代）、白崇

第六分校重要人事異動表

單位	級別職務	姓名	任職時間	
校部	中將主任	俞星槎	1939.7-1939.10	
	中將主任	黃　維	1939.10-1940.5	
	中將主任	黃　傑	1940.5-1942.12	
	中將主任	甘麗初	1943.6-1944 秋	
	中將主任	馮　璜	1944.10-1945.11	
	少將副主任	王景宗	1939.7-1939.11	
	少將副主任	周嘉彬	1939.11-1940.5	
	少將副主任	梁　愷	1940.5－	
	少將副主任	楊　彬		
		譚承慨		
		陳駿南		
政治部	主任	倪文亞	1939.7	
	少將主任	艾　時		
	少將主任	張　明		
教育處	處長	周嘉彬	1939.11－1940.5	
		廖　慷		
第 14 期第 9 總隊	少將總隊長	陳維沂	1937.11－1939.3	教育處處長兼
第 15 期第 6 總隊	少將總隊長	周嘉彬	1938.2－1940.1	
第 16 期第 12 總隊	少將總隊長	陳簡中	1939.5－1940.8	
第 17 期第 17 總隊	少將總隊長	廖　慷	1940.6－1941.10	
第 18 期第 3 總隊	少將總隊長	龔賢湘	1940.12－1941.10	
第 19 期第 11 總隊	少將總隊長	蔡鳳翁	1942－1944.1	
第 19 期第 4 總隊	少將總隊長	曹舜生		
第 20 期學生總隊	少將總隊長	黃萬里	1943－1945.8	奉命撥本校 21 期
預備軍官訓練班	少將主任	王　孚	1944.7－1945.7	

禧、李澤民（代）、李品仙、夏威。白崇禧當了好幾期校長都是兼任，由分校主任俞星槎、姜維、黃杰、甘麗初、馮璜等實際負責。

㈡第六分校時期。分校按本校要求，把已入學的第九期改爲十四期第九隊，到第二十期，當過分校主任的有俞星槎、黃維、黃杰、甘麗初、馮璜。

根據可靠的統計，南寧分校時期（一九二六到一九三八年），畢業生有一萬零八百二十四人；第六分校時期（一九三八到一九四五年），畢業生有一萬二千六百六十人。總共是二萬三千四百八十四人，這些都是當時軍隊的中下級軍官。

參、關於「二二八」，各方各取所需的「寶庫」

我研究中國歷史上各種「事件、事變」，尤其是近現代中國史，如「西安事變」、「高雄美麗島叛亂事件」、「二二八事件」等，最詭異的就是「二二八」了，它從一個「治安事件」擴張成「政治事件」，近數十年來成爲各方各取所需的「寶庫」。各方都來這個寶庫取得想要並「吸血」，國民黨被「吸乾了」，也就垮了！

△**想出名的人**。每到「二二八」或前後時間，便開始「開砲」，說國民黨在二二八殺了多少人，從南殺到北，老少都不放過……。又從西殺到東，比寫哈利波特或倪匡科

幻小說更有創意。媒體也拼命追逐報導，這應該是最早的「網紅」。而國民黨束手無策，馬英九這隻豬八戒拼命道歉、道歉、再道歉，許多人都信以爲真，國民黨真的殺光了那時的台灣人。

△想要烏紗帽的人。必須長年罵，整個月罵，二二八不離口，到了二二八直前數天，開始到「二二八紀念公園」開「巨砲」，用最大揚聲器，日夜拼命罵，必引來浪潮般的圍觀衆。用最血淋淋的詞句：「國民黨從大陸調來幾十萬大部隊，從基隆港下船就開始殺、殺、殺、殺……。士兵的眼睛都殺紅了……。群衆沸騰……。血流成河，當時的台灣人被殺光了。」國民黨息事寧人，給他一個官當吧！他閉嘴了。當然，要錢的人，也按此模式「複製」。

△想要得到政權的人。這部份是最厲害的，民進黨人、台獨份子，他們深知「二二八」是一座寶庫，根本就是歷史上最大的「寶山」，所有想要的（權力、選票、財富、女人、情夫）全在二二八。他們有一套集體操作的戰略模式，只要針對國民黨，如何屠殺、賣台，欺侮台灣人！那些想要的全可拿到。

△國民黨被二二八「吸乾了」。數十年來，國民黨對二二八始終束手無策，對入寶山拿寶的人，要錢給錢，要官位給官位，最後連政權也給出去了。馬英九當台灣區特首

那八年，光會道歉、道歉、又道歉，向全民說對不起，國民黨罪該萬死，沒有一點點戰鬪力，沒有說明白講清楚的論述能力，豬八戒都不如。未來歷史上評價他，只是一個，「亡黨亡國」之君，他的「不統、不獨、不武」，根本在製造中國永久分裂，成爲台獨和美日的幫兇。他還去台南祭拜八田與一，這和漢奸何異？馬英九對不起他父親，對不起列祖列宗，對不起中華民族！

△**大陸如何運用二二八**。大陸始終高度重視「二二八起義」，掌控著二二八的話語權和詮釋權。早在一九七七年二月二十八日，北京舉行「二二八事變三十週年紀念會」，廖承志就公開說：「二二八事件是中共一手策劃」。（註二）這和國民黨早期說法是一致的。

本章爲何談起二二八？難不成筆者想「撈寶」。非也！本期《黃埔》雜誌，吳亞明的〈二〇一七年二—三月海峽兩岸大事記〉一文，有〈紀念台灣人民「二二八」起義七十周年座談會在京舉行〉報導短文。（註三）這篇短文當然也是按現階段國家統一的需要，從中央的角度詮釋「二二八事件」，全文如下：

紀念台灣人民「二二八」起義70周年座談會，二十三日在北京舉行。全國政協副主席、台盟中央主席林文漪指出，七十年前的二月二十八日，英勇愛國的台灣人民發動了反對國民黨當局獨裁統治的愛國民主運動，與祖國大陸人民開展的反飢餓、反迫害、反內戰運動相互呼應，匯聚成了全國同胞愛國民主運動的巨大洪流，展現出台灣同胞薪火相傳的強大愛國主義精神。

這是一種按階段性需要（反獨促統）詮釋的論述，從中國統治者對邊陲地方割據政權的合法性宣言，所闡揚的「二二八精神」，前後短短幾句，強而有力，震撼人心。可惜，最大的漏失是少了三個字，「謝雪紅」，沒有這三個字，話說的再多，還是對不起謝雪紅，「二二八事件」最大的功臣就是謝雪紅。所以當一九四九年毛澤東在天安門宣佈「中國人民站起來了！」謝雪紅和毛澤東是同台的，她就站在毛的後面，她是建國功臣，她的骨灰後來移放「元勳墓區」，等於「認證」她是民族英雄地位。二二八沒有提起謝雪紅是不對的。

我只看到《黃埔》雜誌的小短文有感而發，在整個二二八座談會過程是否談到謝雪紅？我不得而知。但要知「二二八事件」真相，了解謝雪紅的角色和人生歷程，只有看拙著六百頁巨著《奴婢妾匪到革命家之路—復興廣播電台謝雪紅訪講錄》。（註四）謝還曾經是國民黨宣傳組長，但她把才華能力獻給共產黨，國民黨無緣得到這樣的人才，是黨的損失！

肆、各期百歲黃埔老人、編輯立意溫馨感人

《黃埔》雜誌各期有一個溫馨的專題，訪談百歲黃埔老人，把他們最後的身影留存成歷史的一部份，有的做爲封面人物。相信對當事人也是最高的禮讚，提升他們在兒女子孫心中的形像，是老人家最大的安慰。以我手上現有的各期《黃埔》，這些我黃埔的百歲老大哥有：

△**李學庸**（在總第一六四期），江西銅鼓縣人，一九一四年十一月生，黃埔十三期步科。

△**趙師顏**（在總第一六六期），盧溝橋附近（大興采育）人，一九一五年四月三十日，一九四四年入讀黃埔軍校。

△**郭學聖**（在總第一六七期），哈爾濱人，一九一六年農曆四月初八生，黃埔十四期通信兵科。

△**周宇寬**（在總第一六八期），四川成都溫江縣人，一九一五年八月十一日生，黃埔十一期步科。

△**汪　濂**（在總第一六九期），江西興國縣龍頭灣村人，一九一六元月二十七日生，黃埔第七分校（西安）。

△**胡　秋**（在總第一七一期），湖北黃岡人，一九一六年六月二日生，黃埔軍校十四期工兵科。

△**劉　靖**（在總第一七二期），湖北羅田縣鳳山鎮徐家河村人，一九一六年七月二十九日生，黃埔十八期。

△**梁漢周**（在總第一七三期），廣東雲浮新興縣太平鎮人，一九一五年八月生，一九四七年七月黃埔軍官班。

△**蔣潤苑**（在總第一七四期），一九一七年十一月十六日生，黃埔軍校十七期。

△**黎　德**（在總第一七五期），廣西桂林麗澤門人，一九一七年三月八日生，黃埔四分校（廣州）十四期步科。

△**方　明**（在總第一七七期）安徽懷寧人，一九一七年生，黃埔軍校十六期工兵科。

△**蘇賡泉**（在總第一七八期），寧夏人，一九一七年八月十七日，黃埔軍校七分校

（西安）十五期步兵科。

△**徐祗則**（在總第一七九期），山東郯城人，一九一七年春生，黃埔軍校十三期，曾是二〇〇八北京奧運火炬手。

小　結

中國人自古以來有「身體髮膚受之父母，不可毀傷」的觀念，對於死後的身體有「全屍」信念。因此，現代醫學解剖所需要的「大體」很難獲得，台灣的「慈濟」宣傳大體捐贈很多年了，成效依然欠佳，很難改變傳統觀念。但意外讀到本期《黃埔》，彥辰這篇介紹黃埔十二期老大哥陳壽頤的文章。（註五）

陳壽頤（一九一六─一九八七），江蘇揚州江都人，黃埔十二期，他是事業有大成的人，生前就先交代，自己遺體要給醫學院解剖用，骨骼可以做標本，可以用的都給人用，這位老大哥好了不起，讓人尊敬啊！

註　釋：

註一：北京黃埔軍校同學會，《黃埔》雙月刊總第174期（二〇一七年第三期），二〇一七年五月一日出版。

註二：見《高雄暴力事件專輯》一書，台北，黎明文化事業公司出版（一九八〇年三月五日），頁二九七。

註三：吳亞明，〈二〇一七年二—三月海峽兩岸大事記〉，同註一，頁二二—二六。

註四：陳福成，《奴婢妾匪到革命家之路—復興廣播電台謝雪紅訪講錄》（台北：文史哲出版社，二〇一四年二月）。

註五：彥辰，〈黃埔軍魂、愛國赤心—紀念陳壽頤先生〉，同註一，頁四五—五二。

第十一章　黃埔軍校分校概覽

——南寧分校（下）

壹、《黃埔》雙月刊總第175期作者文章標題（註一）

特別企劃：黃埔軍校分校概覽

〈南寧分校・第六分校〉（下）

時　政：專題報導、情系黃埔、兩岸時評、縱橫等

徐步軍，〈浩氣永長存　忠魂耀千秋—記全民族抗戰中的黃埔師生〉。

徐家勇，〈內外交困　乏善可陳—蔡英文當局執政一周年情況回顧〉。

吳亞明，〈海峽兩岸二〇一七年四—五月大事記〉。

林憲同（台灣），〈黃埔肇造民族魂—二〇一七年黃埔校友會京津冀文化紀行〉。

戴克寧，〈一個老兵最後的敬禮〉。

人　物：人物春秋、黃埔老人、前輩與黃埔人生

陳予歡，〈葉劍英與黃埔軍校〉。

李平華，〈仁者壽—記百歲黃埔同學暨抗戰老兵黎德〉。

謝臘生，〈從敢死隊長到「中華黃埔四海同心會」會長—紀念劉璠將軍誕辰110周年〉。

李　石，〈經歷抗戰勝判之夜的黃埔詩人〉。

黃秀艷，〈回憶我的父親黃素平〉。

歷　史：黃埔歷史、往事、收藏、日曆、研究、連載

李　嵐，〈做官不如行醫—對黃埔軍校第一期軍醫部主任李其芳委任狀的歷史解讀〉。

普　藝，〈憶李鴻將軍〉。

蒲　元、楊國慶，〈黃埔師生在南口〉。

單補生，〈美國特使觀看軍校戰鬥演習之印證〉。

賈曉明，〈一九二六年元月十八日，蔣介石主持黃埔軍校「總理紀念周」〉。

王炳忠，〈我是台灣人更是中國人〉（四）。

貳、關於南寧分校・第六分校（下）

上章談到南寧分校（第六分校）的歷史背景和變遷，在那個大動亂時代，少不了忠奸大鬪法，正邪間的決戰不斷上演著。黃埔本校和分校自然要在這亂局中，爲中華民族的存亡利益，進行奮鬪、適應和發展。本章要談的有：㈠教學與訓練：師資、教學內容（入伍生和軍校生）；㈡重要人物和事件，歷任校長和著名人物等；㈢團體、刊物；㈣附錄：管理和擔任教官部分廣西籍陸軍大學畢業生、主要教職員表、南寧分校及前期畢業生中部份將領、各種小冊子、紀念章等。

以上各類內容，「歷任校長和著名人物」應該是大家有興趣的，在本文中略爲簡述。附錄資料甚爲珍貴，列爲本章附錄。其他讀者有興趣可自行參閱該文。（註二）

△歷任校長

俞作柏（一八八九—一九五九）。廣西北流人，廣西陸軍速成學堂畢業，同盟會員，參加過北伐、討袁，一九一六年五月，任中央軍事政治學校第一分校校長，一九二九年任廣西省政府主席，一九五六年任廣東政協委員，一九五九年在廣州去世。

呂竟存（一八九七—一九六七）。廣西臨桂人，保定陸軍官校第六期步科。一九二七年四月，任中央軍事政治學校一分校少將校長，次年升中將，一九二九年因所部反將失敗避居香港，一九五四年移居台灣，出任「光復大陸設計委員會」委員，一九六七年九月十四日病逝台北。

李明瑞（一八九六—一九三一）。廣西北流人，一九三〇年任中央陸軍官校一分校校長，一九三一年任紅七軍軍長，之後也參加「反圍剿」戰鬥。一九三一年十月受王明「左」傾冤死，一九四五年恢復名譽，正式追認爲革命烈士。

薛　岳（一八九六—一九九八）。廣東韶關市樂昌縣人，參加抗日諸多戰役，一九三一年二月，任中央陸軍官校一分校校長。一九四九年任廣東省主席，一九五〇年任海南防衛總司令。一九九八年五月三日病逝台北，享年一百零二歲。

夏　威（一八九五—一九七五）。廣西容縣人，保定陸軍官校三期，一九三二年任中央軍事政治學校一分校校長，抗戰時參與諸多會戰，一九四八年八月任安徽省主席，一九四九年到海南島，次年定居香港，一九七五年元月三日在香港亡於車禍。

李品仙（一八九〇—一九八七）。廣西蒼梧人，保定軍校畢業，一九三〇年底任陸軍官校一分校校長，一九三九年任安徽省主席，一九四九年後在台北任閑差，一九八七年三月二十三日逝世於台北。

△畢業生中著名的共產黨員

鍾祖熹。廣西恭城人，一九二九年入黨，曾任紅八軍第一縱隊參謀、副團長，一九三〇年四月在扶綏就義，年僅二十八歲。

甘湛澤。壯族，廣西寧明人，曾任憑祥縣長，紅八軍總參議兼軍事學校教育長，一九三〇年五月在龍州就義，年僅二十四歲。

劉　健。壯族，廣西憑祥人，曾任百色縣公安局長，紅七軍副官處長，一九三〇年九月在龍州就義，年三十一歲。

黃光照。壯族，廣西寧明人，曾任紅軍副團長兼參謀長，一九三〇年十二月在融安縣犧牲，年僅二十八歲。

何　莽。壯族，廣西龍州人，曾任紅軍營長、團長，一九三〇年十二月在湖南武岡犧牲，年僅二十六歲。

何　焜。廣西萬承（今大新）人，曾任萬承縱隊司令、營長。一九三一年二月在萬承犧牲，年僅二十八歲。

陳可福。廣東南海人，曾任紅七軍處長，一九三一年二月在廣東連縣犧牲，年僅二十一歲。

唐　竣。廣西靖西人，曾幹到紅軍師參謀長，一九三四年十月，在湖南犧牲，年僅三十八歲。

蘇松申。壯族，廣西寧明人。曾任左江革命委員會委員及教育部長，紅八軍軍部副官。一九三八年在浙江海門犧牲，年僅三十二歲。

△畢業生中著名的國民黨將領

馬威龍。廣西容縣人，第27軍46師13旅旅長。一九三八年五月，在河南蘭封（今蘭考）犧牲。

唐仁璵。湖北紅安人，原第7軍171師團長、縣長兼軍民抗日總隊長，一九四〇年在黃安犧牲。

虞世照。廣西昭平人，原廣西軍管參謀長，一九四九年後，曾任廣西壯族自治區水利廳長、自治區政協秘書長。

張光瑋。廣西永福人，桂黔邊綏靖區司令官兼新編第六軍軍長。

李本一。廣西容縣人，第三兵團副司令兼第七軍軍長。

譚何易。廣西玉林人，第三兵團副司令兼第四十六軍軍長。

馬拔辛。廣西容縣人，第五十六軍軍長。

張湘澤。安徽壽縣人，第一二六軍軍長。

秦　靖。廣西陸川人，第四十八軍第一七六師師長。

以上這些著名人物，除國民黨陣營多位幹到高階，共產黨陣營全在很年輕時「就義、犧牲」，資料上沒有說明與那個對手的鬥爭所造成，從年代判斷，除蘇松申可能是抗日犧牲，其他可能是國共鬥爭的犧牲者。

參、徐家勇這篇「蔡英文當局」

筆者這本書是二一〇八年春夏之際，開始整理資料（談不上創作），正是台獨僞政權倒行逆施，各地抗爭遍島開花的時候。台灣多數媒體已被台獨勢力控制，只剩《聯合報》、《中國時報》和《人間福報》三家，勇於對台獨思想提出批評性文字，如《人間福報》（佛光山星雲大師創辦）這一篇，羅瑩雪的〈我們要這政府做

什麼〉，即表示人民應該「推翻」這個蔡妖女政權，這是我擴張解讀。

看到羅瑩雪的文章時，我也正在研讀本期《黃埔》，徐家勇（內外交困、乏善可陳—蔡英文當局執政一周年情況回顧〉一文。（註三）比較這兩篇文章，都算強而有力，對『台獨僞政權」是有戰鬥力，乃至殺傷力的。

徐文從較多的政治面切入，有較高的宏觀視野，總結蔡這個女人一年多的倒行逆施，在內政、兩岸、對外關係上均無建樹，三者聯動陷入惡性循環。筆者以爲，大陸對「台獨僞政權」的兩手策略，硬的還要更硬，軟的還要更軟。何謂「軟的」？不外放出更大之利，惠台三十利、四十利，不論國內或國際，都把台灣人民等同中國人民處理；何謂「硬的」？軍事、政治要更強勢，只有「一中」，沒有「各表」，國際上加大封鎖。如此，窮台、困台、倒台、亂台，不出十年，中國必完成統一。這是我對徐家勇文章的感想，國家統一的價值高於一切，必要時用戰爭手段也可以，（美國南北戰爭如是），統一是中華民族的千年大業，絕不允許任何勢力阻礙我們中國人追求「中國夢」，追求民族復興，追求中國之統一。

羅瑩雪這篇文章不敢涉入太深政治面，談較多內政（如社會治安、年金改革、觀光、農產、電力等），都全面陷入困局，總結是不管人民死活！不管國家存亡！只會貪污！

只為政治鬥爭！「我們要這政府做什麼」，羅瑩雪說的間接，不敢直說，只問：我們要這政府做什麼？筆者用以下幾點回應羅瑩雪和徐家勇的文章。

第一、從中國文化來說，數千年來中國歷史上存在很多政權（朝代、國家），夏商周……宋元明……及分裂時期的更多政治體。凡是能長治久安存在的政權，必有其合法性（**Legitimacy**）（註四）簡言之，合法性是「中國屬性」和「中華文化內涵」，就自然而然被中國人民接受，得中國人民之民心，故能存在。今「蔡英文當局」本質已是「台獨政權」，是「非中國的」，其「去中國化」也已失去「中華文化內涵」。我們要這政府（政權）做什麼？

第二、觀今「蔡英文當局」對內外的操作模式，是要把台灣搞成「美日的文化殖民地」，要和美國與倭國結合，以永久分裂中國。這是真「賣台」，嚴重傷害中國人和中華民族的永久利益，此為「漢奸政權」，我們要這政府（政權）做什麼？應儘快推翻它，儘早統一。

第三、中國歷史上，凡是「非法政權」或「漢奸政權一」，必然也都是「短命政權」。這種政權有個特色，政治人物上台都知道是「暫時的」，可能沒有明天，於是「能吃儘量吃、能撈儘量撈」，撈飽吃飽快快走人，從地方到中央，搞台獨的人都在搞錢、搞利益交換。是故，台獨政權本質上就是「貪污政權」，我們要這政府（政權）做什麼？十四億的中國人民！快收拾它吧！我年輕時立志「解救大陸同胞」，現在期待「大陸同胞來救我」！

第四、從形式上看，台獨政權已如同民初的軍閥政權，是製造國家分裂的元兇，是人民苦難的源頭，是列強惡勢力入侵的誘因，是必須被征討如對像。如今之台灣不論稱呼什麼？都只是地方割據的軍閥政權，只等待遲早被征討，以完成中華民族的千秋大業，國家統一。從「蔡英文當局」這兩年看，是道地的軍閥政權，我們要這政府做什麼？快終結它吧！結束台灣人的災難，結束美國和日本的邪念！

小結前面四點，並長期觀察台灣各黨派政治動向理念，凡是抗拒統一，長期不接受任何中國統一方式，必然就成爲「地方割劇政權」。這種政權淪爲非法政權、軍閥政權、漢奸政權（因必須靠美日勢力維持）、貪污政權，也都是必然的結局，其終點站都是統一，加速中國大一統的來臨。

小結

這期《黃埔》的文章有很多感人的故事，戴克寧寫一個黃埔老兵最後的敬禮，陳予歡寫葉劍英和黃埔軍校，李平華寫百歲黃埔老人黎德，黃秀豔寫父親黃素平，曹藝的憶李鴻將軍等等。這些流落在荒野的「正史」，保存在民間的民族精神，若無《黃埔》立言，只靠口耳相傳，不久就失真，接著失傳。《黃埔》的經營團隊，你們功德無量，筆者代表黃埔（鳳山陸官）四十四期，向你們致最敬禮。

這期有林憲同（台灣）的〈黃埔肇造民族魂〉，林先生與筆者同是台灣「全統會」成員。（註五）每年開大會都會碰面，他對統一很有堅定信念，凡是中國人都應對統一貢獻，才不愧身爲一個中國人！十四億中國人共勉之！

附錄

（一）管理和擔任教官的部分廣西籍陸軍大學畢業生

朱爲鈴，陸大4期，廣西博白，南寧分校炮兵教官科科長

鐘　毅，陸大9期，廣西扶南，南寧分校學員隊隊長

梁壽笙，陸大10期，廣西中渡，柳州分校兵隊隊長

甘麗初，陸大10期，廣西容縣，六分校中將主任

王景宋，陸大11期，廣西平南，南寧分校副主任

賈戈鳴，陸大15期，廣西武鳴，桂林分校戰研班主任

陸學藩，陸大15期，廣西象縣，南寧分校步兵隊隊長

黃敬修，陸大特1班，廣西桂林，南寧分校步兵隊隊長

鄭滄溶，陸大特2班，廣西桂林，南寧分校學員大隊長

陳　烈，陸大特2班，廣西柳城，教導1團連黨代表

李繩武，陸大特2班，廣西桂林，七分校少將大隊長

卜漢池，陸大特2班，廣西合浦，四分校上校教官

胡棟成，陸大特4班，廣西修仁，高級1班1期隊長

韋鎭福，陸大特5班，廣西蒙山，漢口軍訓班主任

胡松林，陸大特7班，廣西桂林，南寧分校上校大隊長

闞維雍，陸大將乙1，廣西柳州，南寧分校工兵科科長

馮　璜，陸大將乙1，廣西容縣，桂林分校主任

賴和平，陸大將乙2，廣西柳州，柳州分校大隊附

蔡劍鳴，陸大將乙3，廣西桂林，南寧分校步兵中隊附

莫若國，陸大將乙3，廣西玉林，八分校總隊附

（二）主要教職員表

馬典符（1888-1955），廣西容縣，工兵科科長（第4集團軍前敵總指揮部少將處長）

朱　爲（1891-1951），廣西博白，炮兵科科長（軍政部兵役署中將副署長）

第1期畢業紀念章

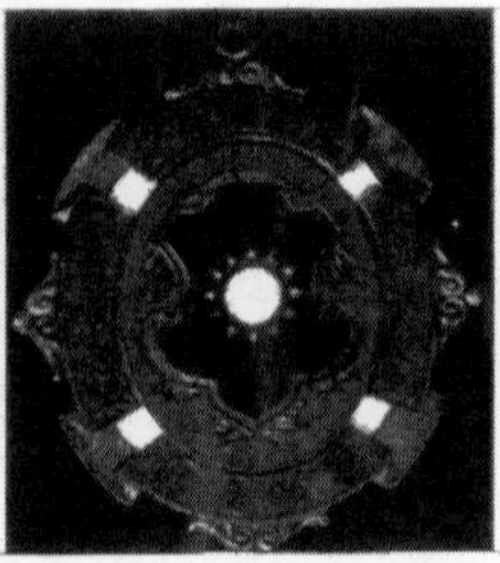
第2期畢業紀念章

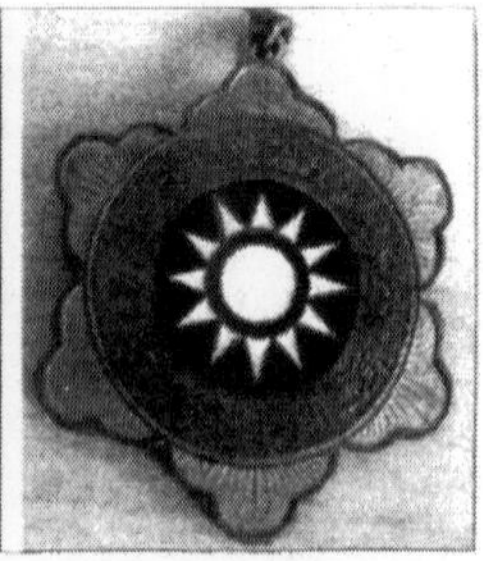
第5期畢業紀念章

王公度（1889-1937），廣西扶綏，政訓處主任兼廣西省童子軍訓練所教育長

王皓明（1906-），廣東梅縣，政治教官（廣州綏靖公署少將參議）

王贊斌（1889-1976），廣西憑祥，校務委員（廣西桂柳師管區中將司令）

鄧吳明（1904-），湖南永興，政治教官（江蘇省政協副主席）

方　欽（1896-），河南紫縣，學員隊隊長（安徽省第七區中將保安司令）

毛　飛（1893-1960），湖南沅江，政治部主任（臺灣"立法院"立法委員）

韋永成（1907-），廣西臨桂，政訓處處長（華中剿總中將高參）

韋贊唐（1906-1951），廣西容縣，政治教官（中央執委省黨部副主任委員）

葉少華（1894-1986），廣東東莞，政治教官（廣州市參事室副主任）

史蔚馥（1892-1944），江蘇溧陽，上校軍事教官（廣西綏靖公署少將高參）

劉　任（1902-1986），河北鹽山，上校教育長（華中剿總中將副總司令）

劉仲獲（1906-1960），江西龍南，中將主任（臺灣南部防守司令部中將副司令）

劉建常（1896-），湖南醴陵，戰術教官（第84軍第188師少將副師長）

許廷傑（1899-），廣東番禺，中校軍訓教官（汪僞廣州綏靖公署中將參謀長）

呂競存（1897-1967），廣西臨桂，中將主任（華中剿總中將總參議）

朱乃瑞（1903-），廣東臺山，軍事教官（第7軍第172師少將師長）

李澤民（1892-），湖南邵陽，教育長（軍事參議院中將議）

李品仙（1892-1987），廣西蒼梧，中將主任（華中剿總中將副總司令）

陳漫遠（1911-1986），廣西蒙山，政治教官（解放軍後勤學院院長）

陳駿南（1902-），廣東臺山，少將副主任

麥煥章（1889-1940），廣西平樂，政治總教官（中央黨部財務委員會副主任委員）

肖　樾（1893-1946），廣東中山，少將教育長（軍事參議院少將參議）

吳國元（1910-），江西贛縣，步兵科隊長（台灣第1軍團司令部少將參謀長）

官其愼（1899-1986），廣東始興，上校教官（廣州行轅少將軍法處長）

林廷華（1892-1966），海南文昌，軍事教官（國防部中將部員）

鄺滄溶（1890-），廣西桂林，學員隊長（第48、軍第176師少將師長）

鄭器光（1900-），廣西，學生隊長（浙江省政府警保處少將處長）

俞作柏（1887-1959），廣西北流，少將校長（軍事參議院中將參議）

胡朝俊（1879-），廣東開平，政治部主任（軍令部辦公廳中將副主任）

賀維珍（1892-1963），江西永新，少將步兵科長（華中剿總中將高參）

鐘　毅（1899-1940），廣西扶南，高級班教官（第173師少將師長）

洪世揚（1896-1946），海南文昌，中校教官（整編第157旅少將旅長）

駱應劍（1897-），廣東花縣，政治教官（廣西省軍管區司令部少將參謀長）

徐光英（1898-1984），廣東潮安，少將政治主任（軍需署少將軍需監）

莫樹傑（1898-1985），廣西南丹，少將大隊長（桂西軍政區司令部中將司令）

夏　威（1893-1975），廣西容縣，中將主任（華中軍政長官公署副長官上將）

夏國璋（1894-1937），廣西容縣，上校分隊長（第 175 師少將副師長）

唐惠洽（1908-1937），海南萬寧，上尉教官（上海市國民軍事訓練所副總隊長）

秦獻珠（1893-），廣西桂林，少將教官

崔　堅（1904-），廣西容縣，區隊長（第八綏靖區司令部參謀處長）

闞維雍（1900-1944），安徽合肥，上校工兵隊長（31 軍 131 師少將師長）

黎行恕（1894-1949），廣西陽朔，少將大隊長（國防部辦公廳少將主任）

（三）南寧分校及前期畢業生中部分將領

第 1 期（比敘黃埔軍校第 4 期）

馬中驥（1906-1956），廣西隆山，中央訓練團少將副處長

馬拔萃（1906-），廣西容縣，第 56 軍少將軍長

馬威龍（1905-1938），廣西容縣，第 27 軍第 46 師第 136 旅少將旅長

李人翹（1904-），廣西臨桂，桂林綏靖公署監察處少將處長

李本一（1903-1951），廣西容縣，第 3 兵團中將副司令官兼第 7 軍軍長

李宗信（1900-），廣西桂林，南寧市警察局代理局長

張光瑋（1904-1971），廣西永福，桂黔邊綏靖區中將司令官新編第 6 軍軍長

杜定方（1906-），廣西玉林，南寧綏靖公署少將副參謀長

周一雄（1903-），廣西桂林，第五戰區幹訓團少將軍官大隊附

姚　槐（1908-），廣西象州，廣西省保安司令部少將參謀長

唐　浚（1896-1935），廣西靖西，中共中央軍委總參謀部第 5 局局長

秦　靖（1904-），廣西陸川，第 48 軍第 176 師少將師長

黃　莽（1902-1930），廣西寧明，紅軍第 7 軍第 59 團副團長

黃閑道（1906-），廣西桂林，滇桂黔邊清剿總指揮部政治部少將主任

黃仿日（1902-1934），廣西東蘭，紅軍第 3 軍團第 4 師副師長

梁仲西（1905-1951），廣西容縣，廣西梧州行政區少將保安司令

梁春華（1906-1945），廣西鹿寨，廣西綏靖公署中將高參

謝代生（1905-1979），廣西南寧，國防部保密局廣西站少將站長

虞世熙（1896-1979），廣西昭平，廣西省第一區行政督察專員兼少將保安司令

譚何易（1897-1962），廣西玉林，臺灣“國防部”中將高參

第 2 期（比敘黃埔軍校第 5 期）

馬展鴻（1908-），廣西容縣，第 7 軍副軍長

王佐文（1911-），廣西貴縣，第 46 軍副軍長

鄧達之（1900-），廣西南寧，第 7 軍參謀長

鄧善宏（1909-），廣西南寧，第 48 軍第 176 師師長

葉碧叢（1909-），廣西昭平，桂林警備司令部副司令

盧士沫（1911-），廣西桂平，廣西桂南軍政區副司令兼參謀長

盧玉衡（1905-），廣西來賓，華中剿總第 2 處副處長

劉均華（1908-），廣西容縣，梧州守備區保安司令部少將副司令

孫國銓（1902-），廣西桂林，廣西綏靖公署少將參謀長

李英俊（1905-），廣西蒼梧，整編第 48 師第 138 旅少將旅長

李振亞（1908-1948），廣西藤縣，解放軍瓊崖縱隊第一副司令員

張瑞生（1909-），廣西靈山，第 7 軍第 171 師師長

張湘澤（1905-），安徽壽縣，第 126 軍少將軍長

陸學藩（1909-），廣西象縣，廣西新兵補充訓練處少將參謀長

吳 展（1909-1944），廣西恭城，第 131 師第 392 團團長

鐘 熹（1902-1930），廣西恭城，紅軍第 8 軍獨立團代理團長

徐瑞亨（1906-），廣西防城，廣東省保安司令部少將視察官

凌雲上（1908-），廣西桂平，第 7 軍少將副軍長

黃建勳（1905-），廣西永福，第 97 軍少將副軍長

第 3 期

陳可福（1904-1931），廣西百色，紅軍第 7 軍司令部參謀處長

何 莽（1905-1930），廣西龍州，紅軍第 7 軍第 19 師第 55 團團長

秦國祥（1908-），廣西靈川，第 56 軍第 330 師師長

諸葛曙（1908-），廣西修仁，第 10 兵團司令部少將參謀長

俸一中（1908-），廣西桂林，廣西綏靖公署宜山指揮所少將參謀長

黃子榮（1892-1935），廣西龍州，紅軍第 3 軍團第 5 師參謀長

第 4 期

甘湛澤（1906-1930），廣西寧明，紅軍第 8 軍總參議兼教導大隊政委

劉月鑒（1906-），廣西靈山，第 7 軍第 172 師師長

劉立柱（1908-1947），山東沂水，整編第 74 師參謀少將代理處長

許高陽（1906-），湖北武昌，陸軍總司令部

第 9 補給區少將司令

李 幹（1902-1935），廣西邕甯，紅軍第 3 軍團團政委

麥農本（1907-1933），廣西南寧，紅軍第 3 軍團第 5 師第 14 團政委

林鐵初（1906-），廣西上思，廣東東區清剿司令部少將副司令

覃戈鳴（1910-），廣西武鳴，第 56 軍第 329 師師長

第 5 期

鄔 強（1911-1992），廣東英德，廣東省軍區副司令員、廣東省政協副主席

陳大敦（1909-），福建福州，第 7 軍第 172 師少將參謀長

蘇景泰（1908-1949），雲南雲山，第 93 軍暫編第 22 師副師長

周　競（1909-），廣西全縣，廣西桂北軍政區參謀長

周文富（1903-1940），四川雙流，第13集團軍第171師代理師長

練卓群（1909-），廣西梧州，第48軍參謀長

覃澤文（1909-），廣西融安，第31軍副參謀長

馬偉新，廣西容縣，176師副師長，安徽省安慶蚌埠江防司令少將

第6期

韋　燦（1898-1940），廣西容縣，第131師第782團上校團長

韋鎮福（1909-），廣西蒙山，第12兵團少將副參謀長

陽麗天（1908-），廣西臨桂，廣西省第15行處政區督察專員兼保安司令

李芳西（1908-），廣西武宣，第46軍第188師師長

李焯丹（1910-1984），廣西容縣，聯勤總部第31兵站少將副監

陳亦君（1914-），廣東化縣，黔桂邊區綏靖司令部第3處少將處長

羅　活（1900-），廣西賓陽，桂南軍政區少將司令兼新編第11軍軍長

英　彥（1910-），廣西柳江，第7軍第138師師長

郭炳祺（1909-），廣西忻城，柳州警備司令部參謀長

莫文驊（1910-2000），廣西南寧，解放軍裝甲兵中將政委

夏富光（1912-），廣西北流，第3兵團司令部少將副參謀長

唐　紀（1900-1968），廣西柳州，廣西保警第2縱隊少將司令

陶　松（1903-1970），廣西鹿寨，第8綏靖區副官處少將處長

黃　琪（1896-1970），廣西永安，第46軍第175師少將師長

廖旭深（1908-），廣西武宣，第56軍參謀長

霍冠南（1904-），廣西臨桂，廣西桂北軍政區副司令兼參謀長

第7期

馬振鴻（1903-），廣西容縣，第46軍少將參謀長

江　棠（1914-），廣西貴縣，第7軍參謀長

李祖霖（1914-），廣西陸川，第48軍第176師師長

陳鐵漢（1912-1947），廣西賓陽，少將

湯　濟（1913-），廣西柳江，桂林綏靖公署第2處長

高級班

顏僧武，廣西南寧，第48軍少將副軍長

王敬鑫（1897-1949），河北大名，第13集團軍暫編第30師師長

劉維楷（1905-），廣西桂林，第7軍第172師少將師長

陳濟桓（1894-1944），廣西岑溪，第16集團軍總部少將參謀長兼桂林城防司令部參謀長

周　元（1894-1938），廣西明江，第48軍第173師少將副師長

林科連（1908-），廣西北流，黔桂邊區綏靖司令部少將參謀長

龐漢楨（1899-1937），廣西靖縣，第170師第510旅少將旅長

海競強（1906-1985），廣西桂林，桂北軍政長官公署中將副主任

莫致寬（1898-1952），廣西蒼梧，國防部中將高參

曹茂棕（1898-1973），湖南新田，第7軍中將軍長

蔡如柏（1900-1937），廣西邕寧，第66軍第160師第956團上校團長

（四）第六分校畢業生中部分將校

黃志強，14期，上校團長

趙而謙，15期，中校參謀

馬恒豐，15期，中國遠征軍“馬軍海外戰地工作隊”少校隊長

凌光周，20期少校營長

陳光舜，16期，解放軍西安陸軍學院顧問

黃烈練，15期，解放軍粵桂邊區新編12團團長

倪文亞，臺灣“立法院院長”

柏隆慶，臺灣“陸軍總司令部”中將副總司令軍，其中在行走中上卦裹，上至AIN了，4年大

侯騰雲，臺灣高雄港口司令部中將副司令

黃濟夫，“國大”代表

（五）小冊子

1.《對抗戰前途之預測》中央軍事政治學校第一分校討論會討論大綱

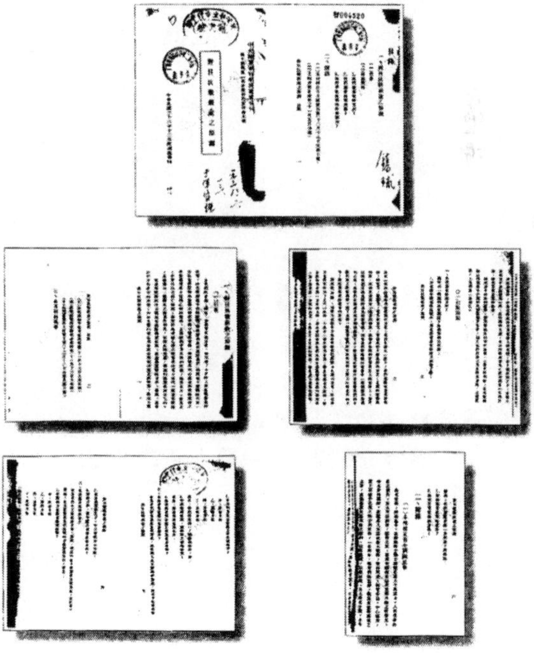

中央軍事政治學校第一分校同學會紀念章、證章

第 17 期同學錄題詞

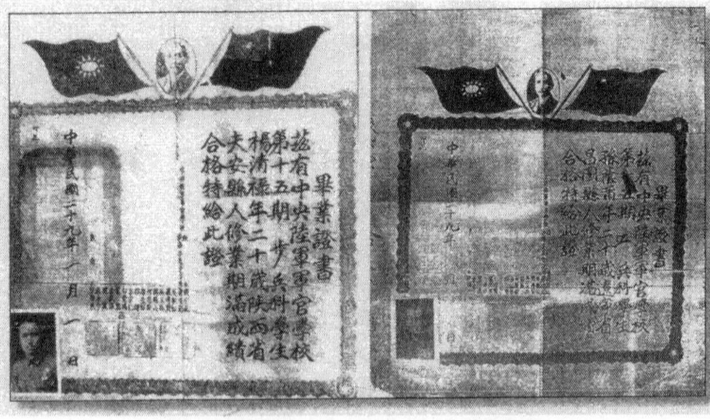

第六分校第 15 期學生畢業證書

註釋：

註一：北京黃埔軍校同學會，《黃埔》雙月刊總第175期（二〇一七年第四期），二〇一七年七月一日出版。

註二：〈南寧分校・第六分校〉（下），同註一，頁四—二〇。

註三：徐家勇，〈內外交困　乏善可陳—蔡英文當局執政一周年情況回顧〉，同註一，頁三〇—三三。

註四：合法性（Legitimacy）是政治上有效統治的必要基礎，乃治者和被治者間一種共認的理則或信念。統治不能單靠權力，只用權力，功少且難以服眾，權力加上合法性乃成可以自然服眾之權威（Authority），力少而效忠，才是統治之正途。一言之，合法性是一種存在於社群中有意識的和無意識之默認信守之「天經地義」。合法性之相對面，是篡位、是僭奪、是政變，今之台獨政權是，故台獨卽為「非法政權」。

註五：中國全民民主統一會，成立於一九九〇年元月廿一日。首任會長滕傑，第二、三任會長陶滌亞將軍，四到七任會長王化榛先生。現任會長吳信義先生是筆者好友，簡介全統會：

㈠中國全民民主統一會（簡稱「全統會」）。其強調的目標有二：即「中國的全民民主」與「中國的和平統一」。

㈡所謂「全民民主」，不是「資產階級的民主」，也不是「無產階級的民主」，而是國父孫中山先生所主張的民主政治思想「全民政治」。

㈢全統會的組織性質：在法律上說，本會是一個在內政部登記合法的政治性團體。在精神上，本會是孫中山先生所領導的民主革命事業的繼承者。

㈣為了完成中國的統一，進而躋中華民族民主、自由、均富的境地，因而成立本會，凝結全民力量，以充分表現全民的意志，來達成全民的願望。

第十二章　黃埔軍校分校概覽

——武漢分校

壹、《黃埔》雙月刊總第177期作者文章標題（註一）

聚焦十九大

〈習近平強調，堅持「一國兩制」推進祖國統一〉。

特別策劃：黃埔軍校分校概覽

〈武漢分校・第二分校〉

陳德藝，〈趙一曼烈士與武漢分校〉。

時　政：專題報導、軍事天地、情系黃埔、兩岸記事

歐陽維，〈黃埔軍校為全民族抗戰做出了重要貢獻〉。

陳咏江，〈近期島內政局回顧〉。

吳亞明，〈海峽兩岸二〇一七年八—九月大事記〉。

李　崢，〈以核制核？警惕東北亞地區的「核武裝論」〉。

香港黃埔軍校後代聯誼會，〈紀念淞滬抗戰80周年—上海之行紀實〉。

人　物：人物春秋、百歲黃埔老人、黃埔人生

陳予歡，〈汪兆銘與黃埔軍校〉（下）。

周　洋，〈少壯報國心　從戎抗倭寇—記河北百歲黃埔老人宋茂田〉。

單補生整理，〈犁牛之子學無術　無愧洪流抗戰時—百歲黃埔十六期生方明《自難忘》〉。

鄭學富，〈抗日烽火中的女兵作家謝冰瑩〉。

歷　史：黃埔往事、日曆、連載與研究

徐步軍，〈鄧小平的黃埔情緣〉。

楊守禮、黃勝利，〈中央軍事學校畢業生調查處是國共兩黨鬥爭的隱秘戰場—參與策動湖南起義和資助左翼湘桂劇演出〉。

李　迅，〈著名表演藝術家張瑞芳的黃埔之家〉。

賈曉明，〈一九二六年元月廿一日軍校呈請任命包惠僧爲教導師黨代表〉。

王炳忠，〈我是台灣人更是中國人〉（六）。

貳、關於武漢分校・第二分校

黃埔軍校在武漢有過三次設分校。㈠北伐時期的中央軍事政治學校武漢分校、㈡內戰時期的中央陸軍軍官學校武漢分校、㈢抗日戰爭時期的中央陸軍軍官學校武漢分校（後改中央陸軍軍官學校第二分校）。由於相隔時間較長，各時期政情狀況各異，分段簡介之。

中央軍事政治學校武漢分校（一九二六年十月—一九二七年七月）

本階段武漢分校只維持約五個月（開學到停辦），和當時國內政局、第三國際情勢都有直接關係。（註二）在台灣我所看到的文獻叫「寧漢分裂」，汪兆銘和蔣中正對幹了起來。先是民國十六年（一九二七年）四月一日，國民黨中央監察委員會在上海集會，接受吳敬恒提議「清黨」。自四月十二日起，中央到地方所有共黨份子概予清除。到了五月間，第三國際代表羅易（M. N. Roy）向汪兆銘提示一份文件，爲第三國際指示中共在兩湖進行三項政策。（註三）

㈠土地革命應從下級沒收，不待國民政府命令。

㈡武裝兩萬共黨，五萬工農份子，組織新軍。

㈢在國民黨中委中，以工農份子代替舊份子。

汪兆銘見後大懼，加以馮玉祥突然反共，於是七月十五日起，也開始清黨。國共合作當然就決裂了，而本階段的武漢分校籌備到組成，

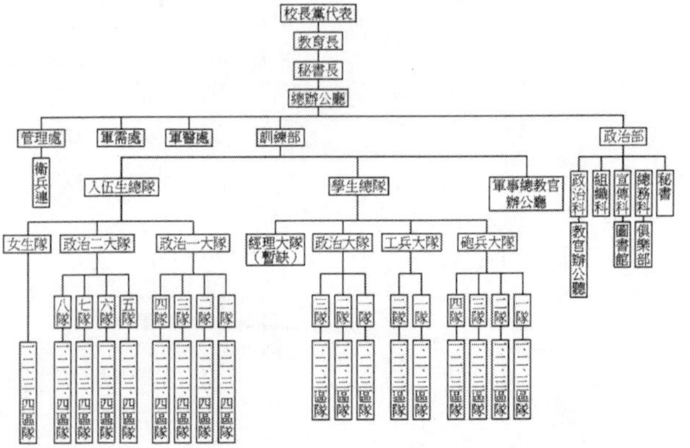

校長：蔣介石　　黨代表：汪精衛
代校長：鄧演達　代黨代表：顧孟餘
教育長：張治中
秘書長：周佛海
總辦公廳
　總務課長：唐拔
　文化課長：鄭方生
　統計課長：周翼雲
政治部主任：周佛海　　秘書：吳企雲
　總務科長：何志道
　組織科長：葉鏽(暫代)
　宣傳科長：羅蘭增、李達、陸更夫
訓練部主任：張治中
政治總教官：惲代英
軍事總教官：藍騰蛟
軍醫處長：丁志亮
軍需處長：劉宏宇

管理處長：高光祺（兼代）
衛兵連長：陳澤寰
學生總隊長：張治中
　砲兵代大隊長：王棫楝
　工兵大隊長：藍騰蛟
　政治大隊長：張鴻儒
入伍生總隊長：楊謝松
　政治第 1 大隊隊長：陳匡濟
　政治第 2 大隊隊長：曾松卿（後改胡斌）
　女生隊長：鄭奠邦（ 4 月26日起隊長改為李榮桂，副隊長為張桐慎）
　指導員：彭漪蘭、鐘復光、唐惟淑
　一區隊長：楊伯珩
　二區隊長：王展
　三區隊長：李師竹
　特務長：楊時偉、洪英、楊佩蘭

主要是共產黨人，當然只維持五個月就結束了，仍將過程略爲一說。

△武漢分校：籌備到停辦。武漢分校最早可追溯到國民革命軍政治訓練班。一九二六年十月，鄧演達開辦武漢分校，此時他一人任三主任（北伐總司令部政治部主任、總司令部武漢行營主任、湖北臨時政務委員會主任）。他太忙，以共產黨人包惠僧爲籌備處主任。

一九二七年二月十二日，「中央軍事政治學校武漢分校」，在武昌兩湖書院舉行開學典禮，有分校生二千人、學兵團三千人。代校長鄧演達、代黨代表顧孟余，及宋慶齡、徐謙、孫科、董必武等二百多要員參加盛會。

三月，因武漢成爲國民政府國都，各要員提議武漢分校就是「本部」，取消分校名稱，改校長制爲委員制。提議任命鄧演進、譚延闓、惲代英、顧孟余、徐謙爲本部軍校委員，會議一致通過。接著，國民黨中執委會推惲代英、鄧演達、譚延闓三人爲常務委員，主持校務。三月二十七日更名「武漢中央軍事政治學校」，二十八日正式對外掛牌。

軍校掛牌後的幾個月，整個的第三國際、國共鬥爭、國民黨內鬥爭和各省強人，發生很多大事，都糾纏成一團，至今是非黑白仍是無解。包含這期所提到「收回漢口英租界」、「南昌武昌遷都之爭」、「三・十事件」、「軍校生討蔣大會」、「中央獨立師討伐夏斗寅、楊森」等，至今台灣學者和大陸學者說法不同，共產黨和國民黨論述也不一樣。按我一貫的態度，這些都由下一個朝代、未來史家去定論吧！

在一團亂局中，一九二七年七月二十五日，國民革命軍第二方面軍統指揮張發奎，宣佈「東征討蔣」，軍校改編爲第二方面軍教導團，武漢軍校在此停辦，只維持了大約五個月，可見當時政局之亂。

但此其間的武漢分校有一支隊伍深值一說。本階段武漢分校招收女兵，編成二百人女生隊，這在中國是個創舉，有重大象徵意義。當年武漢街頭常有一群女兵，一起高唱「打倒列強，除軍閥」的國民革命歌，極爲振奮人心，在全國散發救國圖強的精神。

女生隊成員中，胡筠、李淑寧（趙一曼）、游曦、胡蘭畦、黃杰、周越華、王亦俠、危拱之、陶桓馥、張瑞華、曾宪植、謝冰瑩等，都成爲近代中國赫赫有名的巾幗人物。其中，胡蘭畦、謝冰瑩二人，還是抗戰時期國民政府授予的七個女將軍中的兩人。

武漢分校第六期女學員胡筠。

武漢分校第六期女學員謝冰瑩。

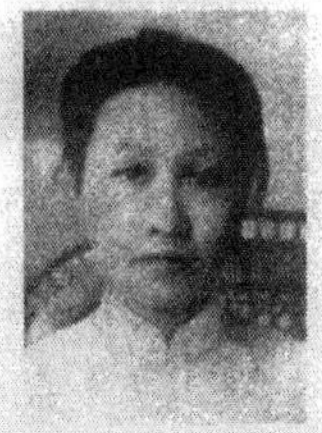

武漢分校第六期女學員趙一曼。

百歲黃埔老人、武漢分校第六期女學員黃靜汶（2012 年 10 月 15 日攝）。

謝冰瑩與丈夫、兒女合影。

中央陸軍軍官學校武漢分校（一九二九年四月——一九三二年三月）

本階段武漢分校的前身是第四集團軍隨營軍官學校，從上階段武漢分校到本階段武漢分校，這中間有近兩年時間，國內各黨派發生很多大事，均從略不述。

一九二七年底，老校長蔣公在南京復職，李宗仁於一九二八年元月擔任武漢政治分會主席，坐鎮武漢，四月又兼任第四集團軍總司令。

十九軍軍長胡宗鋒和十八軍軍長陶鈞，為擴張自己勢力，創辦兩軍之教導團。胡、陶二人遂建議李宗仁，將其教導團改為第四集團軍隨營學校。李宗仁又將自己嫡系第七軍教導團軍官大隊編入隨營學校，學員人數增加到二千多人。

一九二九年蔣桂戰爭結束後，蔣介石於四月決定隨營學校返回武漢，改編為中央陸軍軍官學校武漢分校。四月二十八日正式籌辦，校長蔣公自兼，教育長錢大鈞。六月十六日，分校正式開學，學生一千三百多人，學員有八百多人。

因南京中央陸軍軍官學校第七期，故武漢分校該期生亦稱第七期。（一九三〇年七月，第七期一千六百七十七人畢業，除十人留校，餘皆分發到第二、三、十一、五十三師及教導第三師等。

一九三二年三月一日，武漢分校奉命裁撤，武漢分校併入南京本校，學生編為南京本校第八期第二總隊。分校停辦後，改爲軍事委員會委員長武昌行營陸軍整理處軍官教導團。

本階段武漢分校期間，有太多的影響事件，從這期文章所稱「七・一五事變」（一九二七年七月十五日汪兆銘開始清黨），完成統一、中東路事件發現第三國際侵華，引爆中俄「同江、紮蘭諾爾」戰役，五次剿共（共黨稱二萬五千里長征）及各大軍頭相互攻戰等。很難說這些糾纏，對武漢軍校的停辦沒有影響！

這時期的武漢軍校師生出了不少大人物，錢大鈞、張世希、夏楚中、張達、萬鍪濤、夏達績、尹俊、劉聲鶴、楊伯濤、李錫璜、張緒滋、何俊、卓立、黃楚三、譚鵬、戴樸。以上人員都在國共兩陣營中，成就了不起的功業，完成人生的自我實現。

中央陸軍軍官學校武漢分校（第二分校）（一九三六年元月—一九四五年七月）

此期間的武漢分校正是對日抗戰最激烈時期，倭國以其擁有現代化、強大的現代各種陸海空武器，從「七七事變」開始，計劃用強大軍力「三月亡華」，對我神州大地不論軍民展開「殺光、搶光、燒光」的「三光攻勢」。這真是中華民族五千年未有之空前災難，然而這並非日本第一次要消滅中國，日本在豐臣秀吉。（一五三六—一五九八）和織田信長（一五三四—一五八二）時代，就訂下「消滅中國」是大和民族的歷史任務，也是民族「天命」。爲此，倭國已發動過三次「滅華之戰」：㈠吾國明萬歷時期「朝鮮七年戰爭」、㈡滿清「甲午之戰」、㈢民國「十四年亡華戰爭」（我們叫抗日錢爭）。這種可怕的事有幾個中國人知道？日本不亡華，千年不干休！

爲喚醒中國人的警覺，爲我中華民族免於倭鬼入侵，筆者一生著書立說，宣揚此事，並提出中華民族也有一個「天命」，中國人應於本世紀中葉前，以核武（現代核彈三—五顆），在適當時機之午夜，兩小時內消滅倭國，天亮時一切完工。之後，收服該列島設「中國扶桑省」，剩有倭人遷移亞洲內陸，亞洲各國可移民入住，從此才是全亞洲的永久和平。（註四）才是中華民族永存之道，倭族是地球上不該存在之物種，消滅倭國無關仁義道德或人權，此乃因果之必然。倭國必亡於兩種途徑，一是大自然出手，一是中國人出手；大自然出手（大地震、大海嘯各島沉沒）是天譴，中國人出手是民族生存問題。

我出這本書是談些「黃埔」事，但「倭人滅華」和「我族滅倭」，與黃埔無關嗎？孫中山爲何創立黃埔軍校？我軍校爲何一再搬遷流離？最後流落到蠻島鳳山，如今成爲替地方割劇政權效命的人馬，成爲台獨集團的幫兇。這一切的禍根，以及中國仍處於分裂狀態的禍根，追到源頭正是倭國的「滅華」政策，倭國怎能不消滅它？說實在的，《黃埔》雜誌應該好好宣揚吾所提出中國人之天命，才是中華民族復興之道。以下還是略說武漢分校的成立和結束，還是和倭鬼有關。

一九三六年元月，出於局勢的需要，蔣公下令恢復「中央陸軍軍官學校武漢分校」。這裡所謂「出於形勢需要」，可能指一九三六年元月直前局勢，對中共五次圍剿已完成，日本要進一步發動更大型「滅華之戰」，這必是國家全民的長期抗戰，須要大量軍事作戰人才。

蔣公命劉紹先爲分校主任，以輪調在職軍官和軍士，實施短期訓練爲主要任務。這時的武漢分校有一個軍官總隊和一個軍士總隊，總人數約二千人以上。周磐爲軍官總隊隊長，張言傳爲軍士總隊隊長。

「七七事變」爆發，倭人打算三個月內消滅中國，神州大地成了人間煉獄。包含政府機關、國民黨機關、民間所有機構學校，當然包含黃埔本校和分校，還有無數難民，形成地球有史以來，最大的人口和資源遷移巨潮。許多悲歌，驚天地，泣鬼神，訴之不盡！

一九三七年底，武漢分校更名「中央陸軍軍官學校第二分校」，中間遷移經過不說。抗戰勝利後，全國各分校都撤開，所有學生撥入成都本校，一九四五年八月一日，成都本校接收大員桂乃馨到會同接收。

一九四五年十月四日，二分校官兵從會同（湖南省西南邊的會同縣），向成都開始徒步行軍，途經三十一個縣市，行程三千多里，十一月廿三日到達成都本校。這真是壯烈的史詩，幸好有《黃埔》傳頌，我炎黃後世子子孫孫會有所警覺和領悟。

小結

本期鄭學富的〈抗日烽火中的女兵作家謝冰瑩〉（註五），在台灣謝冰瑩有極高知名度，在同筆者年齡層前後的人，對她的故事和著作，必定曾經感動閱讀過。但很少人知道她是國民政府正式授階的「女將軍」，新一代的台灣人腦袋被洗的乾乾淨淨，英烈千秋已遠離台灣，誰來救救這些已忘祖（無祖）的台灣人？

這期也介紹兩位百歲黃埔老人，一位叫方明，安徽懷寧人，黃埔十六期工兵科；一位是宋茂田，河北滄州市黃驊朱里口村人，黃埔六分校（南寧）步科。他們史詩般的人生故事，幸好有《黃埔》爲他們立言，得以流傳千秋，趣者可自行讀周洋和單補生的文章。（註六）

註　釋：

註一：北京黃埔軍校同學會，《黃埔》雙月刊說第177期（二〇一七年第六期），二〇一七年十一月一日出版。

註二：接觸到國際共黨有關文獻，常會看到第一——第四國際，所指為何？也是有很多複雜的歷糾結。但可以最簡約的說明。

第一國際：係「國際勞工協會」（International Workmen's Association）之通稱，為馬克斯（Marx）和恩格斯（Engels）所創。一八六四年九月廿八日在倫敦成立，一八七六年在美國費城會議中撤銷。

第二國際：第一國際解散後，馬克斯派一群人和德國拉薩爾派合作，成立「德國社會民主黨」，且在議會取得多數席位。當時英法工會興起，一八八九年在巴黎有兩次社會主義大會，一是法國改良派，一是馬克斯主義者，此二者為對抗無政府主義者，宣佈合併成立「社會主義國際」，是謂「第二國際」，到一九一四年大戰發生而結束。

第三國際：一九一九年元月，俄共（布爾什維克）與各國社會在黨在莫斯科會議，三月決定成立共產國際（Communist International，簡稱 Comintern），此卽第三國際，到一九四三年史達林宣佈解散。

第四國際：全名是「世界社會主義革命黨」，又稱「第四國際」，俗稱「托派」（Trotskyist），為托洛斯基在一九三八年九月成立，目的是反對俄共「第三國際。到一九六三年後仍有些活動，也漸漸式微。

以上國際共黨的變遷，與中國現代政局之紛亂，國共鬥爭之難解，乃至黃埔軍校演變發展，都直接且息息相關連。

註三：蔣中正，《蘇俄在中國》（台北：中央文物供應社，民國四十六年六月二十七日，第三版），第一編第二章，第十五節。

註四：陳福成，《日本問題的終極處理——廿一世紀中國人的天命與扶桑省建設要綱》（台北：文史哲出版社，二〇一三年七月）。

註五：鄭學富，〈抗日烽火中的女兵作家謝冰瑩〉，同註一，頁七〇——七二。

註六：周　洋，〈少壯報國心　從戎抗倭寇——記河北百歲黃埔老人宋茂田〉，同註一，頁五七——五九。

單補生，〈犁牛之子學無數　無愧洪流抗戰時——百歲黃埔十六期生方明《自難忘》〉，同註一，頁六〇——六九。

第十三章　黃埔精神與中華民族偉大復興

讀小學的時候，老師常說「光陰似箭、歲月如梭」，當時都聽不懂也無感。人過中年越來越有感，過了天命之之年則有些慌了，眼看耳順快到了），所見台灣政局卻越來越不順。身爲黃埔人一生追求的目標，至今沒個著落，而人生隨時都會打烊。

這期《黃埔》雜誌的主題是「黃埔精神與中華民族偉大復興」，不就是筆者在軍校學生時代天天所高唱之大目標・一九七五年（民64），筆者以陸軍官校44期畢業，這年是黃埔軍校建校五十一周年。

匆匆過了快半個世紀了，今（二〇一八）年六月，黃埔軍校八十七期畢業，建校九十四周年，當年的目標（民族復興、國家統一）尚未完成，但看今日中國之崛起，習近平領導下，「中國夢」正一步步實現，國家統一應該是不遠了。筆者依然感到欣慰，成功不必在我。

壹、《黃埔》雜誌總第178期作者文章標題（註一）

特別策劃：黃埔精神與中華民族偉大復興

戚嘉林（台灣），〈黃埔精神與愛國〉。

陳予歡，〈黃埔精神與革命〉。

鄭　劍，〈黃埔精神與團結〉。

徐步軍，〈黃埔精神與統一〉。

時　政：軍事天地、同學之聲、在同學會工作的日子與兩岸事

胡　琳，〈台灣各界對特朗普訪華的反應及觀察〉。

楊勝雲，〈台軍實行全募兵制面臨的困境〉。

吳亞明，〈海峽兩岸二〇一七年十—十一月大事記〉。

王曉蓓，〈結緣黃埔　情牽今生——在四川省黃埔軍校同學會工作的日子〉。

黃忠漢（黃埔23期），〈老驥伏櫪　志在統一〉。

人　物：人物春秋、黃埔人生與前輩、百歲黃埔老人

祝小茗，〈燃燒不滅的軍事教育之火——葉劍英的軍事教育思想〉。

王志軍，〈我是黃埔一兵——記百歲黃埔老人蘇賡泉〉。

金胡榮，〈澧水悠悠忠骨魂，一身清正報國心——紀念黃埔著名抗日將領彭士量〉。

程漢明，〈黃埔老人張心谷〉。

曹小藩，〈從戰區到受降：黃埔學生曹覺民的抗戰傳奇〉。

歷　史：黃埔往事、收藏、日曆、連載與研究等

楊守禮、黃勝利，〈蔣介石呈請爲中央各軍事學校畢業生調查處備案〉。

單補生，〈黃埔軍需官珍藏的老照片〉。

楊大昆、戴克寧，〈坦克排長在緬北戰場〉。

賈曉明，〈一九二六年元月二十五日，軍校調第二師官長回校接受訓練〉。

王炳忠，〈我是台灣人更是中國人〉（七）。

蒲　元，〈破敵喜峰天下聞——評《喜峰口長城抗戰記》〉。

文　強，〈戴安瀾學長殉難五十五周年感賦〉。

貳、黃埔精神：犧牲、團結、負責

將近一個世紀以來，凡是「黃埔人」，不論期別，不論本校或分校，不管軍官、士官或短期班隊，只要在黃埔（陸軍官校）受訓學習，就一定知道黃埔精神的三大內涵：犧牲、團結、負責。

有關黃埔精神三大內涵，筆者在軍校學生時代（陸官預備班三年、正期四年），可謂天天研讀總理和蔣公。相關講詞著作等，內化成黃埔人的思想言行。一九二五年（民14）校軍改爲黨軍，八月又正式更名國民革命軍，此後，這支以黃埔軍人爲骨幹的部隊，東征、北伐到完成國家統一，對抗倭國入侵，創造無數輝煌的戰績，一次又一次完成革任務，所憑藉的是什麼？老校長蔣公在陸軍官校三十五週年校慶時曾昭示：「我們所憑藉的就是革命的黃埔精神。」所謂黃埔精神，就是犧牲精神、團結精神和負責精神；這三者乃是互相關連的，綜合成爲整個的革命精神。

△國民革命軍有了犧牲精神，能無我無私、不畏艱難、以少勝多、以寡擊眾。

△有了團結精神，能精愛精誠、協調合作、義共患難、志同生死。

△有了負責精神，能貫徹命令、不到成功，決不終止。

爲什麼黃埔軍校需要有這樣的「黃埔精神」？問到終極答案，可以「完成中國統一」概括之。黃埔軍校成立時的革命環境極爲險惡，整個中國有如「五胡十六國」重現，處於大分裂狀態，西洋帝國主義和東洋倭寇的軍國主義，時時刻刻都想入侵中國「吃下一塊肥肉」，而當時國內，軍閥自封督軍、元帥等頭銜，在外國勢力支持下，以武力割據一方，成爲地方割據政權（如今之台灣）。

張作霖是東北王，華北被張宗昌割據，華中的吳佩孚號稱十四省聯軍總司令，孫傳芳獨霸華東自稱五省聯軍總司令。在四川各軍閥正混戰中，雲南的唐繼堯另有野心，廣西的陸榮廷心懷異志。

國民黨（軍、校）只有廣東一隅，陳泰伯勾結英國，發動商團事變；廣東境內，東江是陳炯明叛軍，居心叵測。西江的劉振寰桂軍和廣州楊希閔滇軍，都是假革命之名來破壞革命。所以，老校長蔣公說過，軍校成立於全國反革命空氣中，黨軍組織於四週假革命環境內，環視一千一百餘平方公里土地上，僅有周圍不到四英里的小島，每天高唱「怒濤澎湃，黨旗飛舞，這是革命的黃埔」。黃埔建校建軍所面對的環境，如此險惡，但爲中國之統一、富强，人民生活有尊嚴，建校建軍都必須完成，否則國家統一遙遙無期，可能還被列强「分食」而亡族亡國。老校長蔣公曾有一段話述說黃埔建校的艱困：（註二）

黃埔軍校成立之初，設備的簡陋，經費的問題，真是令人不能想像，學校裡面明天吃的糧食，往往到了今天晚上還在設法籌購，訓練學生的五百枝步槍，都是總理密令石井兵工廠長暗中分批偷領出來的。因為當時廣州所駐的滇桂軍把持兵工廠出產，隨造隨去提領，就是大元帥的命令，亦不能生效照發，大家須知當時是在這樣困難的物質條件下，我們完成第一第二期學生的教育。

這是黃埔精神力的偉大，精神之所以產生偉大的力量，源於求國家統一的終極目標，源於爲挽救水深火熱中的人民，源於抵抗列强勢力的入侵，源於我中華民族能免於亡種亡國。這些偉大任務，黃埔精神凝聚國民革命軍，全部做到了，黃埔各期老大哥們，小老弟向你們致最敬禮！布望老大哥們顯英靈，啓示台灣新一代的黃埔人，爲當前兩岸統一努力吧！這才是黃埔軍校的宗旨；若爲台獨勢力幫兇，你不僅愧對黃埔這塊牌子，你也是製造國家分裂的元兇，你是中華民族千古之罪人，永世不得翻身。祝福我前前期黃埔老大哥們，在西方極樂世界，永享清福，佑我中國。

參、黃埔精神：愛國、革命、團結、統一

這期《黃埔》雙月刊，以「黃埔精神與中華民族偉大復興」爲特別策劃主題，由戚嘉林、陳予歡、鄭劍、徐步軍四位作者，以四篇入理入情的文章，分別闡揚黃埔精神與愛國、革命、團結、統一。（註三）深入理解他們的文章，以「愛國、革命、團結、統一」詮釋黃埔精神，這和原本的「犧牲、團結、負責」標示黃埔精神。二者在內涵和概念是完全一致的，沒有新舊差別，黃埔精神就是黃埔精神，追求中國的統一和富強，是黃埔永恆的精神！永恆的目標！永恆的宗旨！未全面完成，永無終止。

戚嘉林（台灣），**〈黃埔精神與愛國〉**。這位和我一樣，「是台灣人也是中國人」（我也是四川人），有機會應和他交個朋友。他的文章談到一個「核心命題」，愛國，愛中國，中國人當然是愛中國，這是人的基因，就像我們愛自己的父母一樣，黃埔精神從這個基因出發加以擴張突顯，但所愛的國家面臨危亡，孫中山奔走高呼一再警示國人：中國天天可亡，日本十天可亡中國，美國一個月可亡中國，英國兩個月內可亡中國，

法國也兩月內可亡中國！列強天天都想亡中國，只是勢力平衡，才使中國尙未亡國，中國人民都成了列強的「魚肉」，資源都成了列強搶奪的寶物，故中國隨時可亡——

戚嘉林文末提示，我們應把握歷史機遇，推動兩岸「和平統一」的政治談判，簽署兩岸和平統一協議；保證兩岸關係從「和平發展」邁向「和平統一、一國兩制」。筆者相信，這是結束中國分裂狀態的最佳和唯一辦法，剩下的就是武力統一了！

陳予歡〈黃埔精神與革命〉。中山先生最後遺言說：「革命尙未成功、同心仍須努力」，他最後剩下的一口氣說「和平！奮鬥！救中國！」可見「革命」是極不容易的，毛澤東曾說「革命不是吃飯喝酒」，即是在說革命是要「犧牲人命」的。黃埔人爲救中國免於淪亡，掀起一波波革命浪潮，無畏犧牲，拋頭顱！灑熱血！前赴後續！奔赴沙場，置個人死生於度外，以國家興亡爲己任。老校長蔣公臨終最後一口氣，卽在勉勵國人繼續革命，以革命精神完成國家的統一。

陳予歡這篇文章，先闡述「革命」二字的意義有：㈠革命是一種實現正義和恢復秩序的行爲；㈡革命是一種權力轉移的方法；㈢革命是一種發泄不滿和改變現狀途徑；㈣革命是一種實現社變革的歷史過程。

陳予歡所述皆是，但筆者強調他的四種意義的「共用工具」，就是武力，沒有武力難以革命。歷史上著名的革命，如我國「湯武革命」，近代三大革命（法國大革命、中國國民革命、蘇聯共產革命），都須要人民武裝力量的投入。

陳予歡的文章結語說，孫中山先生的「中國夢」和習近平主席關於「中國夢」的論述是相通的。這當然是完全正確的，所處時代不同，追求「國家統一」完全相同相通。所以，今天兩岸中華民族團結共築「中國夢」，發揮黃埔精神中的「革命精神」，百年來中國人期待的「廿一世紀是中國人的世紀」，就要來臨了！這是中華民族偉大的復興！

鄭　劍〈黃埔精神與團結〉。按筆者對中國歷史和中華民族的研究和理解，「團結」似乎是我們最弱的一環，中華文化裡極少「團結」元素。這個問題要深論很複雜，涉及政治、社會、文化、哲學等許多層面。但簡言之不外：㈠團結是一種「人我、群我關係」，中國古來只有五倫，不講人我群我關係；㈡中國的現代國家「國家認同」尚未完成，目前中國境內仍有台灣、香港、新疆、西藏等問題，表示「國家整合」正在進行中。中國「國家認同」要達到成熟，可能還要五十年；㈢中國「民族主義」尚未全面形成，抗戰時能民族大團結，是一種「外力」促成，當外力不在，民族主義必開始鬆散，綜合各項因素，西方人給我們下了定論：「中國人是一盤散沙」。

對日抗戰之能全民團結，黃埔精神凝聚全民力量，發揮軍隊戰力，相信「黃埔」是重要元素。鄭劍的文章提到黃埔的團結精神給當今兩岸啓示：㈠從民族和歷史的高度，思考黨派的利益，個人的前途命運和中華民族的前途命運結合起來。㈡海納百川，有團結的胸懷，容納不同的主張，合則兩利，分則兩害。㈢面對現實，充份認識歷史大勢所趨。㈣做歷史的積極推動者，一代人有一代人的責任，我們這一代是完成兩岸統一。鄭劍文末期許，我們要用大團結來告慰黃埔先烈，振興中華的歷史使命，必定在我們這一代團結奮鬥完成。

徐步軍〈黃埔精神與統一〉。黃埔不論精神或宗旨，「統一」是最重要的核心價值；再往上推到孫中山發動國民革命，創立黃埔軍校，還是爲中國之統一。所以黃埔精神與統一是結合一起的，不能割離，失去統一信念便非黃埔精神，這是無可存疑的。

徐步軍的文章提到孫中山的「五大統一」（民族統一、領土統一、軍政統一、內治統一、財政統一），這是孫中山一生追求的理想（革命之日標），黃埔軍校黃埔人應該要承接這個目標，繼續奮鬥完成。中山先生爲中國之統一富强，可謂鞠躬盡瘁，死而後已。就連毛澤東也佩服得五體投地，他在一九五六年十一月十二日〈紀念孫中山先生〉一文說：（註四）

紀念偉大的革命先行者孫中山先生！

……

現代中國人，除了一小撮反動分子外，都是孫先生革命事業的繼承者。

……

事物總是發展的。一九一一年的革命，即辛亥革命，到今年，不過四十五年，中國的面目完全變了。再過四十五年，就是二千零一年，也就是進到二十一世紀的時候，中國的面目更要大變。中國將變為一個強大的社會主義工業國……

他全心全意地為了改造中國而耗費了畢生的精力，真是鞠躬盡瘁，死而後已……

這是毛澤東在一九五六年紀念孫中山的文章，他除了推崇中山先生的革命大業，也認爲自己是孫先生革命事業的繼承者。此外，他預言到廿一世紀的中國，是社會主義工業國，看現在中國的發展情況，他的預言（正確是預測）很正確。現在很多海外中國人（含臺灣），都在說孫中山的理想在大陸實現了，若兩岸統一，孫中山的理想就算完全達成。

小結

〈黃埔精神與中華民族偉大的復興〉，筆者一時激動寫得太多，其他作者佳文的筆記只好從略。但單補生那篇〈黃埔軍需官珍藏的老照片〉一文（註五），其照片頗爲珍貴，在台灣筆者尚未見過，轉印在本章後，廣爲留佈後世。

楊俊民與胞兄楊俊福合影。

楊俊民，黃埔軍校七分校，軍需宮。

抗日陣亡將士紀念碑留影，前站立者楊俊民。

校長蔣介石主持 19 期畢業典禮。

關麟征在河西大操揚閱兵。

上圖：全體人員合影。下圖：七分校禮堂。

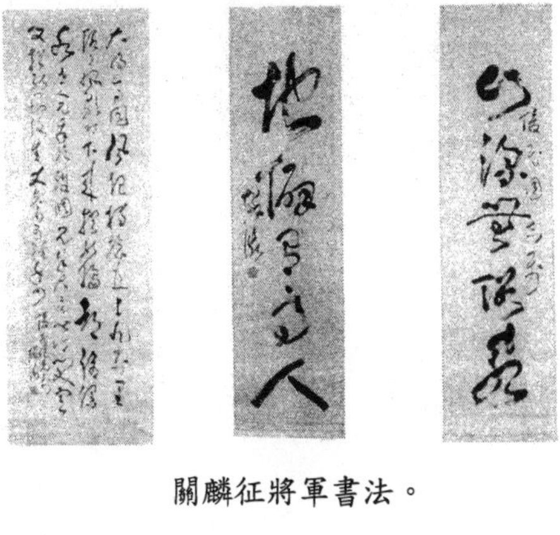

關麟征將軍書法。

註　釋：

註一：北京黃埔軍校同學會，《黃埔》雙月刊總第178期（二〇一八年第一期），二〇一八年元月一日出刊。

註二：這段話在老校長蔣公〈今後軍事教育的方針〉訓詞，見國防部總政治作戰部，《領袖蔣公言行》（民國七十四年七月），頁三八。

註三：同註一，頁四—十九。

註四：毛澤東，〈紀念孫中山先生〉，《毛澤東選集》第五卷（北京：人民出版社，一九七七年九月），頁三三九—三四〇。

註五：單補生，〈黃埔軍需官珍藏的老照片〉，同註一，頁六五—七一。

第十四章 兩岸關係的短期未來和大未來

這期《黃埔》的主題是周恩來，〈矢志不渝求大同——周恩來誕辰一百二十周年〉，有六篇文章回顧周總理的絕代風華，但我這章不談他，寫他的作品已有很多。恐怕再十部巨著也寫不完。按前例把作者文章標題筆記下來，另外聊些黃埔往事和讀其餘各文心得。

壹、《黃埔》雙月刊總第179期作者文章標題（註一）

特別策劃：矢志不渝求大同——紀念周恩來誕辰一百二十周年

陳予歡，〈周恩來與黃埔軍校〉。

李　立、趙　爽，〈北伐戰爭中的周恩來〉。

王　榮、王抒瀓，〈周恩來與孫中山〉。

衛　智，〈周恩來總理與祖父衛立煌將軍交往二三事〉。

鄭建邦，〈周恩來與鄭洞國的黃埔師生情〉。

香港黃埔軍校後代親友聯誼會，〈懷念與傳承——記「周恩來與文化名人展」〉。

時政：在同學會工作的日子、軍事天地、兩岸時事

張　琳，〈二〇一七年兩岸關係與台灣局勢綜述〉。

吳亞明，〈海峽兩岸大事記二〇一七年十二月—二〇一八年元月〉。

楊勝雲，〈美國發展對台軍事關係破壞和平統一前景〉。

何　雲，〈爲大理市黃埔軍校同學會工作24年〉。

人　物：百歲黃埔老人、我的黃埔前輩、黃埔後代

姚　遠，〈「90後」火炬手徐祇則〉。

李軍裔，〈保家衛國的黃埔軍人——我的父親李庭宦（「欽文」）〉。

蔣光璞，〈抗戰中的婚禮〉。

曹景滇，〈追尋遠征軍足跡、祭拜不朽英魂——姐弟三人許昌、騰沖行〉。

歷　史：黃埔研究、收藏、日曆和連載

楊守禮、黃勝利，〈黃埔同學會和中央各軍事學校畢業生調查處的作用和歷史定位〉。

單補生，〈我珍藏的黃埔軍校《試卷》〉。

賈曉明，〈一九二六年二月二日，黃埔軍校派第三期畢業生赴海南島見習〉。

王炳忠，〈我是臺灣人更是中國人〉（八）。

貳、筆記、心得：兩岸關係的短期未來與大未來

在吾國歷史的三國時代，有「智聖」美名的孔明，當阿斗問到：「未來會怎樣？」孔明答說：「未來之事不可逆料。」但孔明也向阿斗報告說：「若不北伐完成統一，蜀國最後只有坐以待斃；與其坐以待斃，不如在自己有生之年快完成北伐統一，復興漢室，陛下才能安坐天下！」可惜，「天助爾曹不助蜀」（孔明語）。智聖孔明點出一個問題，短期的未來是不可逆料的，因爲狀況天天在變，明天對手會打出什麼牌？誰也不知道！

但就長期的大未來，中國歷史的運作規律，必然又走向統一，分裂是暫時的分治，統一才是中國人民最後所「認證」可以接受的定局，此謂之民心歸向。

這期《黃埔》雜誌三篇文章，主述兩岸所面臨的問題及美國打「台灣牌」的影響。

筆者以為短期間會引爆一些狀況，三方（中、美、台。）都小心處理，短期的未來（如年底台灣選舉誰勝？特朗普通俄門會怎樣？）皆未可逆料也。但長期的大未來，兩岸必歸向統一，快則十年，慢則二十年，這是筆者對中國歷史的規律性發展，所做出的理性判斷和預測。

張　琳，〈二〇一七年兩岸關係與臺灣局勢綜述〉，從本質面長期來看「兩岸關係」，只要深入思索與理解，其實不難知道兩岸關係有很多「剪不斷、打不破、割不裂、斷不了」的結構性緊密接合。（註二）但若從現象面短期看現在的兩岸關係，尤其二〇一七分這一年，真的「剪斷了、打破了、割裂了、都斷了！」由於「台獨偽政權」不斷在操弄權力，玩弄人民，也有人干心被玩！張琳這篇文章抓住了中國歷史發展的主流，對短期判斷也很宏觀。

△祖國大陸牢牢掌握兩岸關係主導權，維護兩岸關係發展正確方向，引領兩岸關係克難前行。中國從秦漢以後，就是一個中央統一（大一統）國家，國家發展的主導權必須在中央，若在地方必造成分裂。大陸掌控兩岸關係的主導權應該再加強力度，從軟硬各方面（含戰爭）下手，才可能消滅「台獨」以「獨台」，完成統一大業。

△祖國大陸堅決反對和遏制「台獨」分裂行徑，打擊「台獨」分裂勢力囂張氣焰，努力維護台海和平穩定。遏制打擊所有分裂主義，絕不能手軟，要從「政經軍心」全方位封殺，撤底剷除，「芽」都不留。美國不惜發動南北戰爭，維持美國統一，若當年手軟，便無今之美國。

△民進黨當局推行「台獨」分裂活動，干擾阻撓兩岸交流合作。台獨這群鬼，基本上是一群數典忘祖之人，是中華民族的敗家子，要他們，「不敗家」已是不可能。但他們有膽搞台獨（就算不真搞，只想謀利），主要還是美國邪惡勢力在支持。眼前，這些鬼破壞兩岸關係還會持續，中國應該對島內台獨勢力（如自由時報等），以明暗軟硬打擊，使其一一瓦解。

△臺灣經濟緩慢復甦，但民眾生活改善不大。一個人性心理和人情的微妙，大陸在「反獨促統」過程中要用心理解，如果台灣繁榮富強，國民所得排名世界前幾，人民過著幸福美滿的生活，請問有誰會願意「自動」被統一？所謂「民族大業」有幾個小老百姓懂。台灣經濟繁榮，千年也難統一（除非武統）。所以，大陸領導人現在懂了，採取「窮台」政策，把臺灣人才、資源「吸納」到大陸，這還不夠，加強力道，進一步封台、圍台、困台、倒台，統一會很快。甚至極可能台灣人請求大陸來統一！來解救台灣同胞！

這是人性！人往好的地方走！

△民進黨當局加大整軍備戰力量，謀求「以武拒統」。這個問題對統一是利是弊？看從那裡切入問題，二十多年前美國就是用「軍備競賽」瓦解蘇聯。何況大陸根本不須和台灣軍備競賽，只須要加強「武力示威」，台灣的僞政權就會拚命買飛機軍艦，自己就把自己壓垮了。無論台灣買多少先進武器裝備，以中國現在的「戰力投射」能力，只要武統之戰開始，大約七小時內可以全面摧毀全台所有守勢和攻勢武器裝備，何況國軍很多有待機「起義」的想法，到時「裡應外合。」消滅台獨也有可能。

△民進黨當局企圖挾洋自重，美日涉台兩面性突出。筆者以爲，關鍵力量還是美國，沒有美國撐腰，日本會乖得有如一隻北京犬。但日本對台灣當然有企圖，乘著美國力量還能制壓中國，倭人必然要在台灣「深耕」，以謀取其帝國之利。二〇一八年之際，我觀察日本要向中團漸漸靠攏，是中國出手的機會！

△藍綠陣營圍繞二〇一八年「九合一」選舉展開布局。根據我對國民黨屬性的研究，對所謂「台灣統派」的理解，統派有個「天生的致命傷」，就是不能、也不敢講統一。就算統派取得執政權，也對「統一」二字提也不敢提，只要一說就被打成「賣台」；而獨派有「賣台的權力」，不論如何賣！如何說「親中」，人民都沒有意見。所以，筆者

在《三黨搞統一》一書，預測未來和中共談統一，極可能（就是）民進黨，而不是國民黨。（註三）我甚至認爲，國民黨執政，統一更困難，你說大選要讓那一個陣管取勝呢？

△**吳亞明，〈海峽兩岸大事記二〇一七年十二月—二〇一八年元月〉**。這個月兩岸有關大事說不盡、寫不完，吳亞明的大事記略提重點事項，我注意到一項始終讓我有興趣並早有研究的主題，「洪門」。這個由鄭成功和陳永華所創立的政治組織，到現在快四百年了，應該是中國歷史上有目標、有組織、有傳承性最老牌的政治組織（類似政黨屬性）。（註四）吳亞明這篇大事記有一洪門創黨簡迅，洪門組織和中國共產黨、國民黨有深厚關係（見後表），孫中山就是洪門「大哥」（領導者），推翻滿清與建立民國，洪門貢獻太大了，出錢、出人、出命，才會受到《黃埔》史筆的重視，簡文如下。（註五）

> 中國台灣致公黨十六日在台北舉行十七周年黨慶活動，並正式宣佈修改黨教徽和黨名，改稱「中華民族致公黨」，以致力於中華民族的偉大復興。中華民族致公黨創建於二千年元月，前身是華僑社團洪門發起的海外組織。

洪門在歷史上頗多稱謂，主要是「洪門」，「致公堂」大多在美洲和南洋，均可詳見註四的兩本書。洪門（致公堂）在近代中國政發展過程中，與共產黨和國民黨關係最密切，很多將領都是洪門中人。

筆者深入研究洪門（致公堂）與共產黨、國民黨關係不僅深厚，而且有久遠的歷史，極為複雜，為能一目了然，製成以下變遷表。（註六）如下表所示，中國目前合法的政黨有：中國共產黨、中國致公黨、中國民主建國會、中國民主同盟、九三學社、台灣民主自治同盟、中國國民黨革命委員會、中國國民黨民主促進會、中國農工民主黨。共九個黨，另台灣的黨派有數百個，均不述。

洪門致公黨與中國近代黨派變遷表

——— 有直接人事連間關係
- - - - - - 無直接人事連間關係

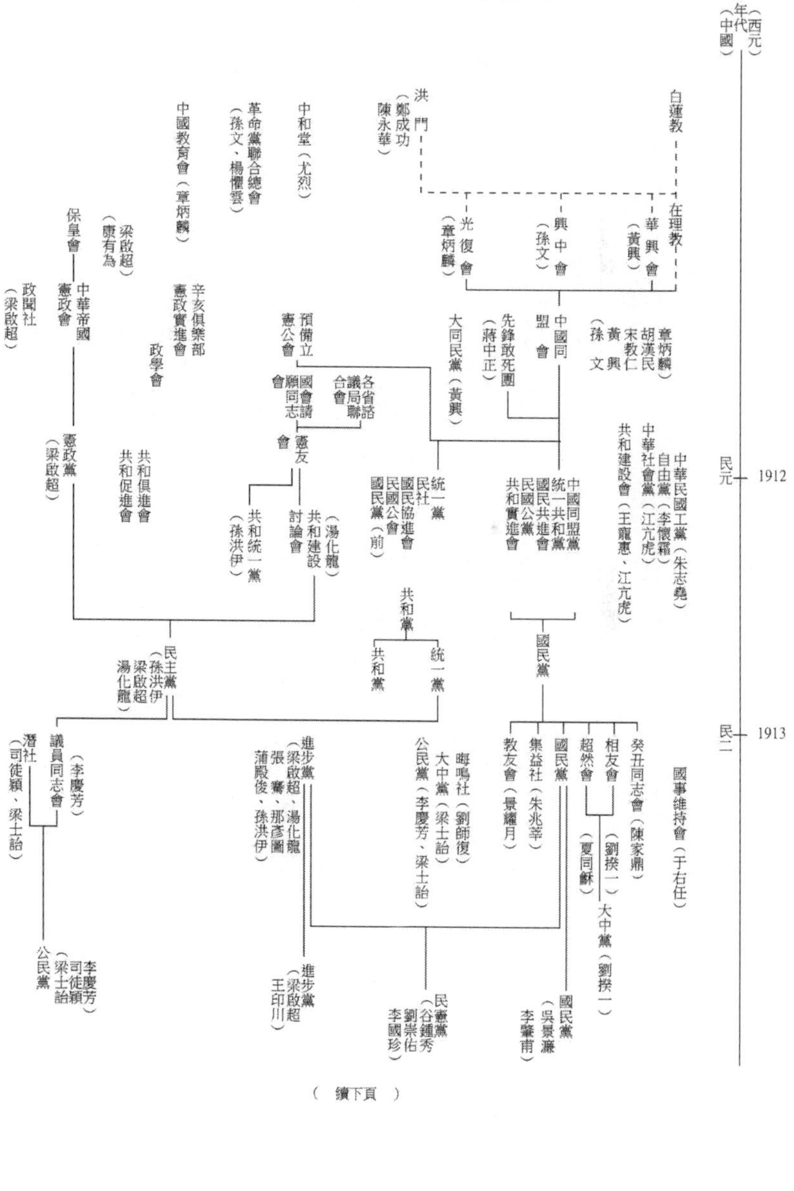

（續下頁）

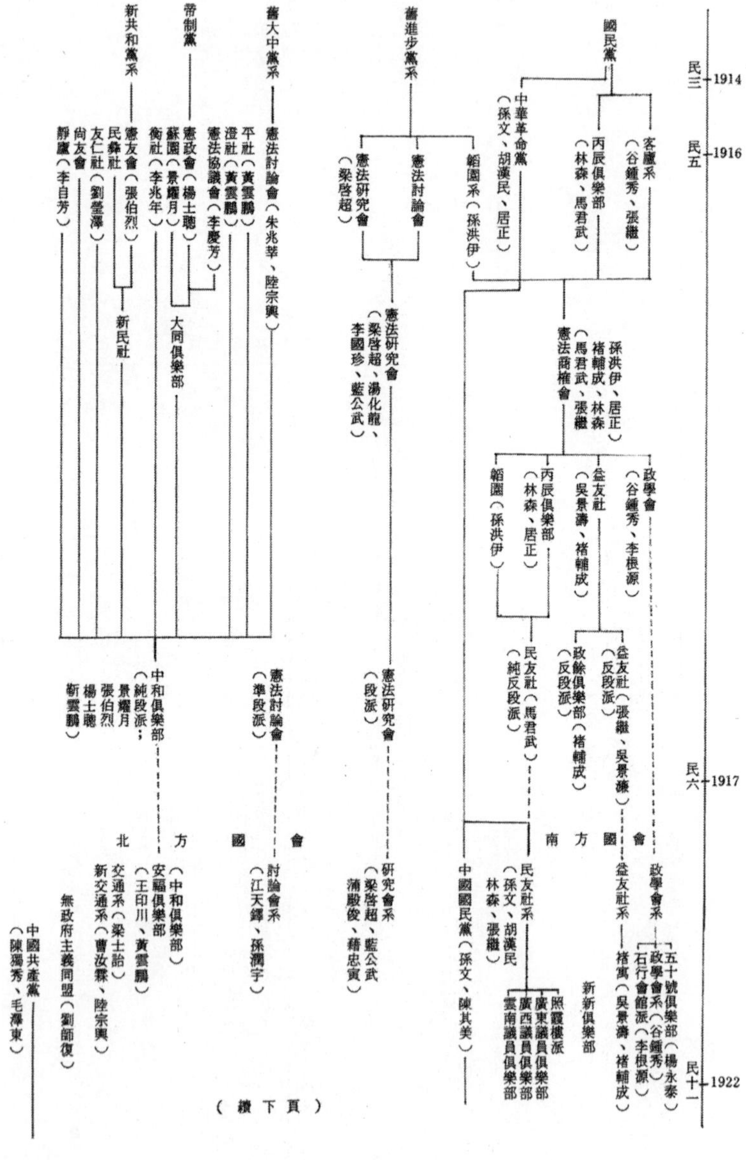
民三 1914
民五 1916
民六 1917
民十一 1922
國民黨
中華革命黨（孫文、胡漢民、居正）
丙辰俱樂部（林森、馬君武）
客廬系（谷鍾秀、張繼）
舊進步黨系
韜園系（孫洪伊）
憲法討論會
憲法研究會（梁啓超）
孫洪伊、居正）
褚輔成、林森
憲法商榷會（馬君武、張繼
憲法研究會（梁啓超、湯化龍、李國珍、藍公武）
政學會（谷鍾秀、李根源）
益友社（吳景濂、褚輔成）
丙辰俱樂部（林森、居正）
韜園（孫洪伊）
益友社（張繼、吳景濂）（反段派）
政餘俱樂部（褚輔成）（反段派）
民友社（馬君武）（純反段派）
憲法研究會（段派）
舊大中黨系
憲法討論會（朱兆莘、陸宗興）
平社（黃雲鵬）
澄社（黃雲鵬）
憲法協議會（李慶芳）
帝制黨
憲政會（楊士聰）
蘇園（景耀月）
衡社（李兆年）
大同俱樂部
新共和黨系
憲友會（張伯烈）
民彝社
友仁社（劉瑩澤）
尚友會
靜廬（李自芳）
新民社
憲法討論會（準段派）
中和俱樂部（純段派；景耀月、張伯烈、楊士聰、靳雲鵬）
南方國會
北方國會
政學會系
五十號俱樂部（楊永泰）
政學會系（谷鍾秀）
石行會館派（李根源）
益友社系 褚寓（吳景濂、褚輔成）
新新俱樂部
民友社系（孫文、胡漢民、林森、張繼）
照霞樓派
廣東議員俱樂部
廣西議員俱樂部
雲南議員俱樂部
中國國民黨（孫文、陳其美）
研究會系（梁啓超、藍公武、蒲殿俊、籍忠寅）
討論會系（江天鐸、孫潤宇）
（中和俱樂部）
安福俱樂部（王印川、黃雲鵬）
交通系（梁士詒）
新交通系（曹汝霖、陸宗興）
無政府主義同盟（劉師復）
中國共產黨（陳獨秀、毛澤東）

（續下頁）

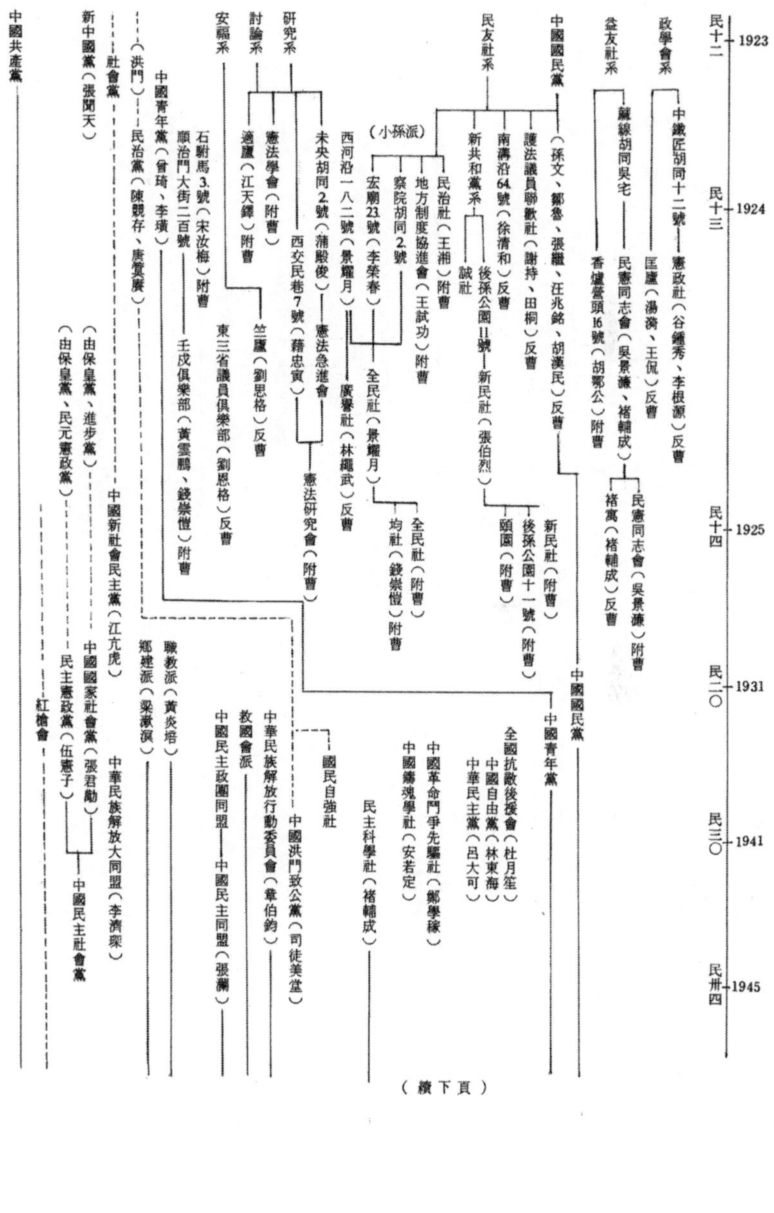

民十二 1923
民十三 1924
民十四 1925
民二〇 1931
民三〇 1941
民卅四 1945
政學會系
中鐵匠胡同十二號
憲政社（谷鍾秀、李根源）反曹
匡廬（湯漪、王侃）反曹
益友社系
蘇線胡同吳宅
民憲同志會（吳景濂、褚輔成）
香爐營頭16號（胡鄂公）附曹
民憲同志會（吳景濂）附曹
褚寓（褚輔成）反曹
中國國民黨
（孫文、鄒魯、張繼、汪兆銘、胡漢民）反曹
中國國民黨
民友社系
護法議員聯歡社（謝持、田桐）反曹
南溝沿64號（徐清和）反曹
新共和黨系
誠社
後孫公園11號
新民社（張伯烈）
新民社（附曹）
後孫公園十一號（附曹）
頤園（附曹）
（小孫派）
民治社（王湘）附曹
地方制度協進會（王試功）附曹
察院胡同2號
宏廟23號（李榮春）
全民社（景耀月）
全民社（附曹）
均社（錢崇愷）附曹
西河沿一八二號（景耀月）
廣譽社（林繩武）反曹
研究系
未央胡同2號（蒲殿俊）
憲法急進會
西交民巷7號（蔣忠寅）
憲法研究會（附曹）
討論系
憲法學會（附曹）
適廬（江天鐸）附曹
安福系
竺廬（劉恩格）反曹
東三省議員俱樂部（劉恩格）反曹
石駙馬3號（宋汝梅）附曹
順治門大街二百號
壬戌俱樂部（黃雲鵬、錢崇愷）附曹
中國青年黨（曾琦、李璜）
中國青年黨
（洪門）
民治黨（陳覲存、唐賞廣）
社會黨
新中國黨（張聞天）
中國共產黨
（由保皇黨、進步黨）
（由保皇黨、民元憲政黨）
中國新社會民主黨（江亢虎）
中國國家社會黨（張君勱）
民主憲政黨（伍憲子）
中國民主社會黨
中華民族解放大同盟（李濟琛）
紅槍會
職教派（黃炎培）
鄉建派（梁漱溟）
中國民主政團同盟
中國民主同盟（張瀾）
救國會派
中華民族解放行動委員會（章伯鈞）
中國洪門致公黨（司徒美堂）
國民自強社
民主科學社（褚輔成）
中國鑄魂學社（安若定）
中國革命鬥爭先驅社（鄭學稼）
中國自由黨（林東海）
中華民主黨（呂大可）
全國抗敵後援會（杜月笙）

（續下頁）

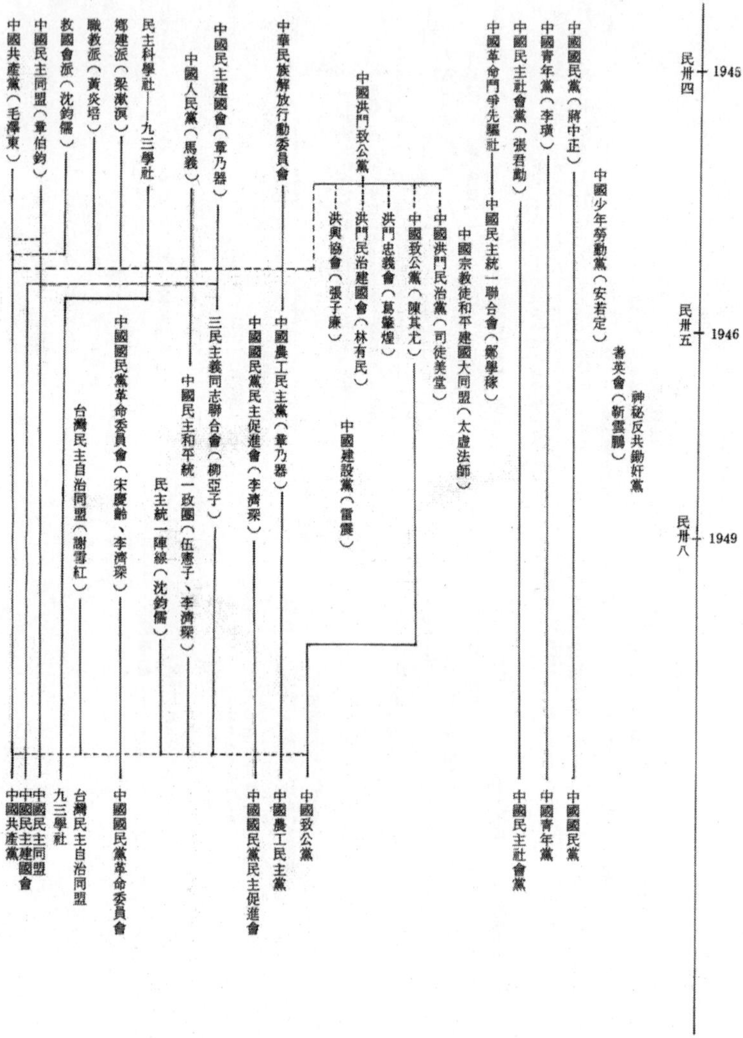
民卅四 1945
民卅五 1946
民卅八 1949
中國國民黨（蔣中正）
中國少年勞動黨（安若定）
耆英會（靳雲鵬）
神秘反共鋤奸黨
中國青年黨（李璜）
中國民主社會黨（張君勱）
中國革命鬥爭先驅社
中國民主統一聯合會（鄒學稼）
中國宗教徒和平建國大同盟（太虛法師）
中國洪門致公黨
中國洪門民治黨（司徒美堂）
中國致公黨（陳其尤）
洪門忠義會（葛肇煌）
洪門民治建國會（林有民）
洪興協會（張子廉）
中國建設黨（雷震）
中華民族解放行動委員會
中國農工民主黨（章乃器）
中國國民黨民主促進會（李濟琛）
中國民主建國會（章乃器）
三民主義同志聯合會（柳亞子）
中國人民黨（馬義）
中國民主和平統一致團（伍憲子、李濟琛）
民主統一陣線（沈鈞儒）
民主科學社
九三學社
中國國民黨革命委員會（宋慶齡、李濟琛）
鄉建派（梁漱溟）
職教派（黃炎培）
台灣民主自治同盟（謝雪紅）
救國會派（沈鈞儒）
中國民主同盟（章伯鈞）
中國共產黨（毛澤東）
中國國民黨
中國青年黨
中國民主社會黨
中國致公黨
中國農工民主黨
中國國民黨民主促進會
中國國民黨革命委員會
台灣民主自治同盟
九三學社
中國民主同盟
中國民主建國會
中國共產黨

但願中華民族致公黨能如清末之洪門，在推翻不法政權上做出努力。在今之兩岸，則要「反獨促統」，爲中國之統一做出貢獻，共同追求「中國夢」的實現，這才合乎該黨之宗旨，致力於中華民族偉大復興。

△**楊勝雲，《美國發展對台軍事關係破壞和平統一前景》**。自古以來，不論東西方，所謂「國際」，本質上就是處於「叢林狀態」，國際關係的本質就是「國際叢林」關係，不存在「仁義道德」，當然，高明的國際關係操作手，總是可以把仁義道德當成一種「化妝品」，以利於政治合作或妥協，謀取最大的國家利益。

強權興衰，大國崛起，最大的國家利益，就是對手都崩解了，敵人都死光了。對美國而言，最大的國家利益是歐盟突然宣佈解散，俄羅斯突然被一顆隕石毀滅，而中國全面瓦解、失序，經濟崩盤，美國可以永久當地球老大哥，剩下的小國全都乖乖聽話，不聽話的都被大哥滅了！

對中國而言，最好美國黃石火山突然爆炸，全美國毀了沒了美國，日本也乖了，乖得像中國的「北京狗」，首相跪在「南京大屠殺紀念館」前悔過；而印度分裂成許多國家，俄羅斯則歸還中國數百萬平方公里土地。

對俄羅斯、印度、英國、法國——筆者以爲皆如是，國家是一隻「現代恐龍」，「你的死亡是我的生存，你的哀弱是我的壯大」，這是國際關係永恆不滅的法則，古今中外皆如是。

楊勝雲這篇文章指出美國的「黑心」，他當然黑，不黑怎能搞垮中國。美國的終極目的，是要點燃戰火，東海、台海、南海、中印、中越、中日，都是美國人要點燃戰火的地方，只要這些地方戰爭開打，美國就贏了。中國得小心應付，不可上當，但也不怕戰爭，解放軍須要一場戰爭，「戰爭是唯一有效練兵的方法」！

兩岸關係的短期未來，看似悲觀，只見台獨囂張，蔡妖女胡亂惡整，美國到處施壓點火。但遠程的大未來，是樂觀的，吾大中國軍力日漸強盛，中國崛起勢不可擋，美國衰落已成定局，印度日本開始向中國傾斜，中俄是戰略夥伴。最叫人可更有信心的，是中國有五千年鬪爭智慧和經驗，而且中國人醒了！起來了！

小　結

這期《黃埔》其他各篇都是好文章，何雲老大哥在大理黃埔軍校同學會工作二十四年，真是功德無量。但他說是黃埔24期，是否老人家記錯或印刷錯？因爲24期是台灣鳳山復校才招生，大陸最後一期是23期。

二〇〇八年北京奧運火炬手，是我黃埔軍校十三期老大哥徐祇則，年逾九十二高齡手持奧運火炬，在聖火接力傳遞中跑上一程，是我黃埔之光。到二〇一八年他已是超百歲老人，中國人謂之福壽雙全也。

楊守禮和黃勝利的文章談到「復興社」、「三民主義革命同志力行社」等組織，與我讀到的文獻頗有落差，可能那是一個動亂的時代，各陣營都要確保自己人馬的忠誠。可另參考鄧元忠著《三民主義力行社史》，真理不怕比較，真相也只有一個。（註七）

王炳忠〈我是台灣人更是中國人〉連載，我都甚有同感，在我所有出版的作品中，作者簡介〈在封面內摺頁〉，都有以「黃埔人」爲職志，以「生長在台灣的中國人」爲榮」。「生爲中國人是難得的」，這話是宏一大師說的，全中國十幾億人應以此自勉。

註譯：

註一：北京黃埔軍校同學會，《黃埔》雙月刊總第179期（二〇一八年第二期），版權頁只記「單月一日出版」，本期何月何日出版未註明。

註二：陳福成，《大陸政案與兩岸關係》（台北：黎明文化事業出版公司，二〇〇四年三月）。本書有不少軍事院校列為教學課外參考書。

註三：陳福成，《三黨搞統一——共產黨、國民黨、民進黨搞統一分析》（台北，文史哲出版社二〇一六年三月）。

註四：陳福成，《洪門、青幫與哥老會研究》（二〇一四年十一月）；《世界洪門歷史文化協會論壇—澳門洪門二〇一五記實》（二〇一六年元月）。兩本都是台北文史哲出版社出版，對洪門（致公堂）有不少研究和活動記錄、照片等。

註五：吳亞明，〈海峽兩岸大事記二〇一七年十二月—二〇一八年元月〉，同註一，頁三七—四一），洪門簡文在第三八頁。

註六：陳福成，《中國近代黨派發展研究新詮》（台北：時英出版社，二〇〇六年九月），第三章，頁二六六—二六九。

註七：鄧元忠，《三民主義力行社史》（台北：實踐出版社，民國七十三年八月）。

第十五章　「五一口號」到中國式民主政治

本期《黃埔》雜誌的主題，是「豪氣壯千秋—紀念台兒莊大捷八十周年〉，共有七篇文章。這場知名度極高的會戰，以往（兩蔣時代都擴大慶祝）也看過不少有關台兒莊文章和圖片，因此本章重點不多談台兒莊。吳躍農那篇〈五一口號的故事〉，談到「新政黨制度」吸引了我，幾年前我對「中國式民主政治」略有研究。

壹、《黃埔》雙月刊總第180期作者文章標題（註一）

特別策劃：豪氣壯千秋—紀念台兒莊大捷八十周年

陳　宇，〈台兒莊戰役與黃埔精神〉。

徐家謠，〈台兒莊戰役中的黃埔師生〉。參觀台兒莊大戰紀念館〉。

蒲　元，〈台兒莊大戰中的黃埔「陝軍」〉。

鄭學富，〈三迤兒女浴血台兒莊—60軍英勇抗戰可歌可泣的故事〉。

韓淑芳，〈英雄團長羅芳珪〉。

馬冠群，〈從大洋彼岸回歸的一份珍藏〉。

時　政：兩岸時評、軍事天地、兩岸縱橫

徐家勇，〈二〇一八年全國兩會涉台情況綜述〉。

楊勝雲，〈美國涉台法案撼動不了我台海主導權〉。

吳亞明，〈海峽兩岸大事記」二〇一八年二—三月〉。

人　物：人物春秋、我的黃埔前輩、黃埔後代

陳予歡，〈廖仲愷與黃埔軍校〉。

趙有倫，〈趙正倫和他的《抗戰日記》〉。

戴澄東，〈親愛的復東哥哥：你永遠在我心中！〉。

歷　史：文史天地、黃埔日曆、黃埔收藏、黃埔連載

吳躍農，〈「五一口號」的故事：預告中國共產黨領導的新政黨制度誕生〉。

賈曉明，〈一九二六年二月四日，黃埔軍校歡迎廣西、湖南軍政界代表來校參觀交流〉。

單補生，〈我珍藏的陸軍軍官學校實寄封〉。

王炳忠，〈我是台灣人更是中國人〉.

貳、從「五一口號」到「中國式民主政治」

對一個出身政研所的學生，政治研究是他的專業，是他的本行，因此我這輩子始終在我「理想國」，就是在找我認爲最適合人類的政治制度；以及最適合中國文化，最適合中國人使用而政治制度。儘管這個問題，西方自亞里斯多德和柏拉圖以降，東方自孔孟儒家以來，無數哲人在探討，但我站在他們肩膀上，持續找尋。

從二十歲到六十歲的研究、思索、找尋過程都不說了。只說結論，大約經過四十年研究，筆者已是天命之年，出版了《找尋理想國：中國式民主政治研究要綱》一書（註二）我總結人類社會（特別是中國社會），由一黨領導（類似傳統儒家領導集團），才是最合人類，乃至挽救人類危亡的最佳政治制度。我當然要說一個「致命」的原因，否則如何服人？

目前地球上有三套使用中的政治制度：㈠西方民主政治，㈡伊斯蘭民主政治，㈢中國式民主政治。伊斯蘭的在此不述，只論另兩者。

總結地球上最流行的政治制度，是從資本主義爲核心價值的西方民主政治，資本主義和民主政治是「一個班子、兩塊牌子」的東西，一體兩面之物。會流行的原因，是解放了人性中「潘朵拉的盒子」，無限提高人性的「需要」和「消費」，最後人類的無限生產、消費、貪婪的政治競爭，導至「地球第六次大滅絕」提前發生，目前正處於加速其不可逆爲發生，資本主義和民主政治制度是禍首。大家只要睜開眼睛看看這個世界，所有環境災難、戰爭災難，幾乎是西方資本主義和搞民主政治造成的。如果讀者還有疑惑，可讀拙著《找尋理想國》。

很顯然的，最適合人類社會，尤其

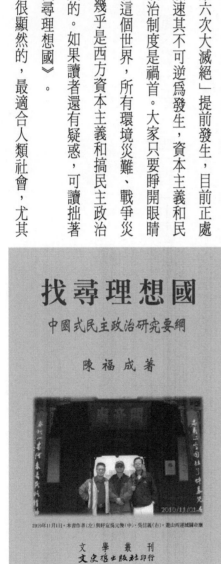

中國社會，就是「中國式民主政治」，植根於社會主義，人在私欲領域的行爲，以及擴大到生產、消費、需要，國家要有強大的管控力，而不是放任，任由競奪等。但中國式民主政治並非憑空出現，而是經由半個多世紀的實驗，「實驗是檢驗真理唯一的辦法」，這就從吳曜農的〈「五一口號」的故事：預告中國共產黨領導的新政黨制度誕生〉說起。（註三）

吳曜農所提到「五一口號」，是一九四八年四月三十日，中國共產黨動員全國各界提出，發布「五一」勞動節口號。主要是共產黨通過的第五條，「各民主黨派、各人民團體及社會賢達，迅速召開政治協商會議，討論並實現召集人民代表大會，成立民主聯合政府。」這第五條預告中國共產黨領導的新政黨誕生。

可以這麼說，「政治協商會議」是壓垮國民黨政權的「最後一根稻草」，預告神州大地要改朝換代，共產黨政權中華人民共和國要誕生了。所以「政協」在中共政治組織裡有崇高地位，始終是「六大領導班子」之一。（註四）

所謂「新政黨制度」，其實就是由中國共產黨一黨專政，其他所謂「民主黨派」和社會賢達不過是配合，而「聯合政府」從來都沒有。吳躍農的文章，多次提到各民主黨派「自覺地接受了中國共產黨的領導」，這話太過政治語言，天下沒有人「自覺」自願被領導，都是情勢所迫，不得不接受，這就是政治。

從中共建國至今，本質上「一黨專政」並沒有改變，只是組織、理念有些調整。在毛澤東時代，無疑是一人獨裁。從鄧小平到現在習近平，國家主席的權和責，都和全國人大及常委會聯結一起，不直接處理國家行政事務，亦不單獨決定國家事務，學界稱爲「集體國家元首制」。（註五）但國家主席並非如西方之「虛位元首」，是有實權的國家領導人。

中國共產黨的一黨執政（無其他黨可以取代），是中國歷史發展的「機遇」（習近平語）。筆者以爲，這種機遇或許可以回溯到二十世初共產主義的流行，但最近的機遇可以從「五一口號」開始。此後的半個世紀，都是中國式民主政治的醞釀期、實驗期。

直到二〇〇五年，這個機遇成熟並向前進化，宣告「實驗」結束，一種新的政治制度公告天下。這年十月十九日，中國國務院首次發表《中國式民主政治白皮書》，向全球宣言「中國式民主政治」將循下列原則：（註六）

㈠堅持中國共產黨領導、人民當家作主和依法治國的有機統一；

㈡發揮社會主義的特點；

㈢有利於社會穩定、經濟發展和提高人民生活水準；

㈣有利於維護國家主權、領土完整和尊嚴；

㈤漸進有序。

白皮書也重申社會主義的民主觀，絕不照搬西方制度來用。筆者以爲這是正確的方向，西方民主政治至今已有很多西方學者在反思，認爲資本主義爲核心的民主制度，可能就快走到盡頭了。但很多西方學者也質疑「中國式民主以治」，欠缺監督（制衡）機制。惟筆者研究中國式民主政治監督體系，有三個系統監督、九個主體、相應十二功能，以表示之。（註七）再者，法律、組織或制度，或只是形式條文和架構，最後的執行者都是人，天下也沒有完美的制度。而柏拉圖

中國式民主政治的監督體系

三個系統	九個主體	相應的十二種功能
法律監督	1.各級人大及常委會。 2.各級檢察院。	1.憲法監督。 2.各級人大法律和工作監督。 3.人大預算監督。 4.各級檢察院檢察監督。
政治和政府監督	3.各級人大與常委會。 4.黨的各級組織。 5.各級政協及常委會。 6.國務院。 7.各級政府的監察審計。	5.人大工作監督。 6.黨系統的監督。 7.政協監督。 8.行政監督。 9.政府審計監督。
社會監督	8.公民。 9.各種人民團體。	10.普遍性社會監督。 11.社會群體監督。 12.社會與論監督。

的設計的「理想國」政治制度，筆者研究結果，以「中國式民主政治」最接近，今之中國領導階層和制度，則已形同中國傳統的儒家統治集團，其核心價值在中國文化內涵和得中國人民之民心。正是儒家所述，得民心者，得天下！

參、黃埔老大哥、豪氣壯千秋

有關黃埔軍校師生的英雄故事，可能永遠寫不完。《黃埔》雜誌到本期是一百八十期，表示已有一百八十本記載黃埔傳奇書，不含特別編輯出版（如今年收到的《黃埔軍校分校史料匯編》）。而筆者開始閱讀、寫筆記，不過是最近的十多期。本章仍將這期黃埔老大哥的壯烈史詩，略為簡記，讓歷史再「活」一次，活在現代讀者的眼前。

△**陳　宇**〈台兒莊戰役與黃埔精神〉。（註八）這場血戰，黃埔軍校畢業生犧牲二千多人，現在知道姓名只有三百五十多人，以下三十五多人是極少數知名：

軍校教官：

李宗仁：第5戰區司令長官

李品仙：第5戰區副司令長官

湯恩伯：第20軍團軍團長

張　軫：第20軍團第110師師長

黃埔1期：

開麟徵：第52軍軍長

王仲廉：第85軍軍長

李仙洲：第92軍軍長第21師師長

張雪中：第85軍第89師師長

陳大慶、第85軍第4師師長

張耀明：第52軍第25師師長

鄭洞國：第52軍第2師師長

甘麗初：第75軍第93師師長

王文彥：第75軍第140師師長

吳　瑤（吳伯華）：（所在部隊和任職不詳）

鄧春華：（所在部隊與任職不詳）

黃埔2期：

彭佐熙：第75軍第93師第557團副團長

黃埔3期：

蔡劍鳴：第13軍第4師師長

戴安瀾：第13軍第73旅旅長

黃鼎新：第30軍第30師第89旅旅長

石　覺：第85軍第4師第12旅旅長

王隆璣：（所在部隊和任職不詳）

吳　超：（所在部隊和任職不詳）

黃埔4期：

潘朔端：第60軍第183師副師長

羅芳珪：第85軍第89師第529團長（後述）

張忠中：（所在部隊和任職不詳）

黃埔5期：

呂公良：第85軍第89師參謀長

杜　鼎：（所在部派和任職不詳）

黃埔6期：

臧克家：（現代詩名詩人、戰地記者）

黃埔高教班、高級班：

馮安邦：第42軍軍長

趙錦雯：第60軍參謀長

池峰城：第30軍第31師師長

劉振三：第59軍第180師師長

王冠五：第30軍第31師第91旅旅長

曾澤生：第60軍第183師第1081團團長

李以劻：第46軍第92師第274旅參謀主任、第552團代團長

韓淑芳〈英雄團長羅芳珪〉短文。（註九）羅芳珪，湖南衡東人，黃埔四期輜重科，一九三四年時任第13軍第89師第529團團長，爲抗日「四大名團」之一。一九三八年台兒莊血戰，四月六日在大顧珊村外陣地犧牲，生命永遠停在三十一歲。老校長蔣公提挽聯曰：

為國家合作抗日　南口防守決死戰　聲震中外

作民族復興英雄　台莊大捷成壯烈　獨有千秋

當時國民政府軍事委員會政治部副部長周恩來，爲羅芳珪題寫聯曰：

善戰久知名　詎翼妖氣摧猛士

臨危能受命　好將浩氣振軍魂

在台兒莊血戰中犧牲者，光是黃埔軍校師生就有二千多人，事後能查知姓名者，才不過三百多人，而中國軍隊在這一個月的台兒莊大戰，參戰總兵力二十九萬人，傷亡約五萬人，絕大多數也成了無名英雄，甚至很多埋骨荒野，無人收屍者不計其數！天地同悲啊！日本鬼子給中國人帶來的災難，中國人要記得自己民族的「天命」，本世紀中葉前消滅倭國，必令其亡族亡種亡國，收服該列島改設「中國扶桑省」。（註十）

趙有倫〈趙正倫和他的《抗戰日記》〉。趙有倫寫他的大伯父趙正倫，吾老鄉也！四川成都人，「格老子要得」。趙正倫，一九一八年生，我黃埔軍校14期老大哥，「重慶大轟炸」時犧牲了，時年二十三歲，他是千百萬抗戰中犧牲的青年代表。摘錄他日記二小段紀念老大哥老鄉，永恒的二十三歲。

> 成仁取義，大公無私，秉天地浩然正義，持不屈不撓之力，為國家無畏，為民族無畏，為殺敵無畏，以大無畏之精神向前邁進。誰云，任重我獨荷之，誰云，事難我獨當之。
>
> ——贈趙光煦

> 留丹心以照汗青，用熱血以染河山，叱彼倭奴，焉敢犯吾寸土，空空革胄，豈能自棄獨立，唯秉民族之正氣，曾吾光榮之血史，以耿耿之精忠，衛我五千年之國脈！狂瀾可挽，國事可復，復興之基，惟在吾人努力去創築而已。
>
> ——贈大剛

這是抗戰時期一個才二十初頭年輕人的民族精神，他代表那個時代的熱血青年，對國家民族的使命感。我中華民族能在地球上頂立五千年，靠的正是這種民族正氣，想來那倭人小鬼竟要「三月亡華」，真是瞎了狗眼，自不量力。但小日本鬼子五百年來不忘「亡中國」使命，一次又一次發動戰爭，就爲「消滅中國、統一亞洲」，實在是亞洲人恆久存在之危機。筆者才著書立說，宣揚中國人之「天命」，一定要先滅了倭國，收服該列島改設「中國扶桑省」，這是中國人對自己民族、對亞洲、對世界的使命，是歷史任務，是民族天命！

小　結

政治學家和歷史學家研究中國歷史文化，提出「磁石效應論」，謂二千多年來中國之人分合受此理論規範。謂當中原大亂，戰火燎原時，人才資金帥哥美女等，快速流向邊陲或更遠的海外；又當中原穩定，進步繁榮時，遠走的人才資金帥哥美女等，又從邊陲或海外快速流向中原。

我觀察半個多世紀兩岸情境，正如「磁石效應論」所示，尤其二〇一八年之際大陸惠台已產生更強「磁石作用」，吸納青年學子到大陸讀書創業。以武力爲後盾的「融合」，確實可以創造更有利的統一條件。

註釋：

註一：北京黃埔軍校同學會，《黃埔》雙月刊總第四180期（二〇一八年第三期），版權頁只註記單月一日出版，未註明本期出版時間。

註二：陳福成，《找尋理想圖：中國式民主政治研究要綱》（台北，文史哲出版社，二〇一一年二月）。

註三：吳躍農，〈「五一口號」的故事：預告中國共產黨組導的新政黨制度誕生〉，同註一，夏七二—七七。

註四：在中國國家憲政架構下，六大領導班子是：㈠中共中央委員會、㈡中共中央紀律檢查委員會、㈢全國人民代表大會、㈣國際院、㈤中央軍事委員會、㈥中國人民政治協商會議。同註二，頁四九。

註五：朱光磊，《中國政府與政治》（台北：揚智文化事業有限公司，二〇一〇年九月，二版），頁四八。

註六：同註二，頁四七。

註七：同註二，頁五七。

註八：陳 宇，〈台兒莊戰役與黃埔精神〉，同註一，頁四——一二。

註九：韓淑芳，〈英雄團長羅芳珪，同註一，頁三七。

註十：陳福成，《日本問題的終極處理：廿一世紀中國人的天命與扶桑省建設》（台北：文史哲」出版社、二〇一三年七月）。

總　結：寄望中國統一、消滅倭寇

我喜歡讀歷史，又怕讀吾國近現代史，發現太多倭國給五百年來的中國子民帶來太多災難，倭人賊性不改，倭國怎能不滅？幾十幾萬我黃埔老大哥師生們，爲抗倭而犧牲？幾萬億我中國子民在這場災禍中無故的死了？或被倭奴屠殺！婦女被姦殺！或妻離子散餓死荒郊！倭國這地球上邪惡的物種，怎能不滅？

讀國共內戰史又是多麼感傷！本是一國人、一家人，兄弟何苦殺得你死我活！殺得眼紅！把國家殺得分裂了！至今仍在互推責任，只說自己好，都是對方錯。雙方都要放下所有恩怨情仇，共同「反獨促統」，一致對外，國際上有很多險惡，都想要搞垮中國！企圖製造中國的永久分裂！

日本以美國爲靠山，其國內「亡華派」日愈高漲；美國想要永久獨霸地球，絕不能讓中國強起來，必須使中國永久分裂，不斷在打「台灣牌」，企圖在東海、台灣、南海、中印、中越，或中國周邊地區，製造一場戰爭。只要戰火點燃，美國就贏了！

解放軍能打仗嗎？中國古來是「陸國思想」，「陸戰」打了五千年了！但海戰、越洋戰爭呢？打一場有水準的「現代化戰爭」，解放軍尚未證明過這種能力。解放軍須要一次實戰練兵，證實有能力打台海統一之戰。統一，是中國人在未來十年（最晚二十年）必須完成的歷史任務，是中華民族的「民族大業」，不可以再拖下去。紙短情長，以兩首詩爲全書總結。

天譴——倭國311真相

是誰有神力把西太平洋捅個大洞？
要引全部太平洋水淹死所有倭人
是誰有魔力撼搖地球板塊？
要埋葬那些姦殺女人的大和變態族
神魔為什麼要聯手製造「三一一」？

非要消滅這個人類異種不可
是地藏菩薩派出十殿閻羅
黑白無常、十大名捕
捉拿倭國大和異種等全部要犯
也是因果來索命

是誰來索命？
明萬歷朝鮮七年之戰二百萬鬼
甲午事件百萬孤魂
大東亞統一冤死幾億
那南京大屠殺的冤魂要索命
那些被姦殺的女人
耶些被迫充當慰安婦的女人們
以及無數倭人刀下的亡魂
都要回來索命

債，是跑不掉的，一定要還

那些大和異種罪犯至今聲稱
沒犯罪、沒犯錯

這些妖魔鬼怪又耀武揚威
這些魑魅魍魎正準備啟動第四次亡華之戰
這些似人非人的兩足獸狂稱大和
是全亞洲的禍害
是全世界的癌種
是全地球的毒瘤

禍害要剷除、癌種要割除
毒瘤更要全部清除
神魔聯手，用「三一一」給倭鬼示警
這是天譴

天譴還不能讓倭鬼醒悟知錯
廿一世紀的中國人有一個天命
以多顆核彈消滅所有倭人
收服倭國改設中國扶桑省
替天行道　亦天譴要旨

兵馬，絕非俑

萬千眾生都說來看兵馬俑
獨我未見俑
秦皇兵馬
絕非俑
驪駒潛行驪山千載
以潛龍之姿
引萬乘戰車
騰雲駕霧似蕭風颷起

驚詫二十世紀直穿透廿一世紀
八方風雨
都來看神駒雄風就要跨出國境
壯盛兵馬已然崛起

兵馬曾借光秦時明月
夜行車　晝殲敵
吞六國
一統天下　中國
而後，在漢關古道追風
長驂飄過千載萬里
經三國隋唐五代宋元……明清
兵馬神靈永恆不死
也誓不成俑
只選擇在動亂分裂的年代

用浪潮般的鐵蹄實力
再一次完成統一

神州代代英雄豪傑起
個個都想爭下整座天空
為天之子
終究有驃騎兵馬
恆以其天職天命為天志
歷史絕不成灰
兵馬怎會成俑??
將重組一支能在新世紀縱橫五洲三界
多度空間作戰兵馬
氣吞萬國
悍衛國家統一
兵馬，絕非俑